ANTÍGONE DE SÓFOCLES

COLEÇÃO SIGNOS
dirigida por Augusto de Campos

Supervisão editorial:
J. Guinsburg

Projeto gráfico e capa:
Sergio Kon

Revisão de provas:
Iracema A. de Oliveira

Produção:
Ricardo W. Neves
Sergio Kon
Lia N. Marquesw

ANTÍGONE
de SÓFOCLES

TRAJANO VIEIRA
TRADUÇÃO E INTRODUÇÃO

Dados Internacionais de Catalogação na Publicação (CIP)
(Câmara Brasileira do Livro, SP, Brasil)

Vieira, Trajano
 Antígone de Sófocles / tradução e introdução Trajano Vieira. – São Paulo: Perspectiva, 2009. – (Signos ; 49)

 ISBN 978-85-273-0852-6

 1. Sófocles, apr. 496.406 A.C. Antígone – Crítica e interpretação   2. Teatro grego (Tragédia) – História e crítica   I. Título.   II. Série.

09-00569   CDD-882.0109

Índices para catálogo sistemático:

 1. Grécia Antiga: Tragédia: História e crítica: Literatura   882.0109
 2. Tragédia: História e crítica: Teatro: Literatura grega antiga
    882.0109

[1ª reimp. 2016]
PPD

Direitos reservados à
EDITORA PERSPECTIVA S.A.
Av. Brigadeiro Luís Antônio, 3025
01401-000 São Paulo SP Brasil
Telefax: (11) 3885-8388

www.editoraperspectiva.com.br

Agradeço à Fapesp, que me concedeu uma bolsa de pesquisa (Pq-EX) para a realização deste trabalho junto à Universidade de Chicago

Sumário

11   A Voz Contrária de Antígone

23   Antígone, de Sófocles

101   Αντιγονη

A voz contrária de Antígone

Indagada certa vez pelo helenista Richard Jebb sobre como Sófocles teria influenciado sua obra, George Eliot respondeu: "No delineamento das grandes emoções primitivas."[1] Os heróis de Sófocles caracterizam-se pela situação de total isolamento em que se colocam. Revelam aversão, desinteresse ou incapacidade na avaliação dos pontos-de-vista de seus interlocutores. Seus diálogos têm a função precípua de acentuar o apego a valores sublimes. É o comportamento radical e inflexível que faz deles personagens trágicos e admiráveis. No verso 1027 da *Antígone*, Tirésias critica a imobilidade de Creon: ἀκίνητος (*akínetos*) é a palavra grega empregada pelo vate ("imóvel", "inerte", "fixo", "inativo"), que será retomada por Aristófanes com o mesmo sentido na expressão ἀκίνητοι φρένες (*akínetoi frénes, Rãs*, 899): "espíritos sem mobilidade". De fato, a tragédia que aniquila a família de

---

1   Ver Caroline Jebb, *Life and Letters of Sir Richard Claverhouse Jebb*, Cambridge, 1907, p. 156.

Creon não decorre propriamente de sua decisão inicial de impedir o enterro de Polinices, mas do endurecimento de suas posições, reveladoras de sua personalidade autoritária. Se ele tivesse evocado as leis vigentes na pólis, entre elas a figura jurídica do ἐξορισμός (*eksorismós*, "transporte além-fronteira"), que impedia que "os traidores e os ladrões de templos no século 5º ateniense" fossem enterrados nos "limites da cidade"[2], Antígone não seria provavelmente uma heroína, mas uma insubordinada às leis democráticas. Creon está longe de ser, contudo, um estadista, definindo-se antes como um general (v. 8: στρατηγός, *strategós*) insensível. Não se trata de um tipo pusilânime, mas de um soberano medíocre e corriqueiro. Sua linguagem tende a generalizações banais e as metáforas que emprega normalmente têm nuances militares. Limitação intelectual e visão distorcida do poder complementam seu perfil grosseiro e obtuso. Faltam-lhe, ao mesmo tempo, grandeza e capacidade de cálculo. E é em oposição a esse personagem previsível que Antígone ganha estatuto trágico. Desde o início, a filha de Édipo revela saber que o plano que colocará em prática causará sua morte, e nem a argumentação razoável e ponderada de Ismene consegue demovê-la da decisão de enterrar Polinices. Os heróis sofoclianos definem-se pela obsessão com que adotam valores ideais; não se apresentam como modelos de comportamento humano. Não por acaso, chama atenção o número de suicídios nos dramas do autor: nas sete peças de Ésquilo que chegaram até nós, não há nenhum suicídio; nas dezoito de Eurípides, somente quatro; nas sete de Sófocles, seis: Ájax, Antígone, Hemon, Eurídice, Dejanira e Jocasta. É desnecessário um levantamento exaustivo do vocabulário que define a condição desses heróis, para notarmos a relevância de μόνος (*mónos*, "sozinho"): Antígone é a única (μόνην, *mónen*, 656) a enfrentar Creon e permanece isolada numa gruta (μόνη, *móne*, 821, cf. 887, 919, 941; ἐρῆμος, *eremos*, 773); Electra é a única a se opôr

---

[2] Cf. Mark Griffith, *Sophocles – Antigone*, Cambridge, Greek and Latin Classics, 1999, p. 30.

à mãe (μούνη, *múne*, 119); Ájax age e luta só (μόνος, *mónos*, 29, 47, 294, 1276, 1283); Filoctetes vive na ilha de Lemnos sozinho (μόνος, *mónos* 172, 183, 227, 286; ἐρῆμος, *eremos*, 228, 265, 269, 1018).

A dificuldade de adaptação a um mundo norteado por regras cambiantes evidencia a fragilidade e a grandeza desses personagens. No verso 677 do *Ájax*, o herói observa: ἡμεῖς δὲ πῶς οὐ γνωσόμεσ- θα σωφρονεῖν; *(hemeîs dè pôs u gnosómestha sofroneîn?)*: "como não pensaremos sensatamente?" Parece ceder ao comportamento menos rígido nesse diálogo que mantém com a mulher Tecmessa, dando a impressão de concordar com a decisão de as armas de Aquiles serem destinadas a Odisseu. Essa aparente mudança de atitude teria relação com a concepção cíclica do tempo, responsável por apresentar dinamicamente as situações, cujo caráter negativo ou positivo dependeria das circunstâncias. É o que ele afirma em sua longa fala (646-692), de que destaco o seguinte trecho (646-649):

> ἅπανθ' ὁ μακρὸς κἀναρίθμητος χρόνος
> φύει τ'ἄδηλα καὶ φανέντα κρύπτεται
> κοὐκ ἔστ' ἄελπτον οὐδὲν, ἀλλ' ἁλίσκεται
> χὡ δεινὸς ὅρκος χαἰ περισκελεῖς φρένες.

> *hapanth' ho makròs kanaríthmetos chrónos*
> *phyei t'ádela kaì phanénta krypetai*
> *kuk ést' áelpton udèn, all' halísketai*
> *ko deinòs hórkos khaì periskeleîs phrénes.*

> O tempo, em sua sucessão de números,
> revela e encobre o que trazia à luz.
> Inexiste o imprevisto. Não escapa
> a jura mais solene, a mente intrépida.

Sabemos que Ájax não incorpora essa perspectiva que caracteriza tão bem. Assim que Tecmessa sai de cena, ele comete suicídio. A dinâmica do tempo humano é enigmática segundo Sófocles e, se o homem não consegue trancendê-la, a consciência de sua instabilidade pode ao menos auxiliá-lo a superar as adversidades. Odisseu parece mais ajustado a esse quadro, quando observa a Palas Atena (125-126):

> ὁρῶ γὰρ ἡμᾶς οὐδὲν ὄντας ἄλλο πλὴν
> εἴδωλ' ὅσοιπερ ζῶμεν ἢ κούφην σκιάν.

> *horò gàr hemâs udèn óntas állo plèn*
> *eídol' hósoiper zdômen é kúphen skián.*

> Resumo nossa condição humana:
> volúvel sombra, espectros tão somente.

É a consciência da fragilidade o que singulariza o sensato, dirá Atena a seguir, ao chamar de σώφρονας (*sófronas*, "lúcidos") os homens dotados de clareza sobre a imprevisibilidade (131-132):

> ὡς ἡμέρα κλίνει τε κἀνάγει πάλιν
> ἅπαντα τἀνθρώπεια.

> *hos heméra klínei te kanáguei pálin*
> *hápanta tanthópeia.*

> Um dia basta para pôr abaixo
> e erguer de novo todo feito humano.

A incorporação desse limite não nos livra dos dissabores, mas torna menos árdua sua aceitação. A precariedade da condição humana é tema central de todas as tragédias supérstites de Sófocles, e ela é normalmente compreendida depois da reviravolta do destino. O revés é intrínseco à natureza de quem vive imerso no tempo ilógico. Torna-se difícil dimensionar o efeito dos acontecimentos cujo sentido depende de um movimento sobre o qual não se tem controle.

Por outro lado, se os personagens sofoclianos revelassem maior maleabilidade, perderiam muito de seu heroísmo. Nesse aspecto, Antígone não se distingue de Ájax. Nem a condição pré-nupcial faz com que reveja sua posição. O distanciamento confere-lhe aura sobre-humana. Obcecada por valores da tradição familiar, posiciona-se à margem do próprio cosmos. O deslimite implicado em sua ação dramática repercute no sentido ambíguo de δεινότερον (*deinóteron*) no famoso coro batizado de "Ode ao homem" (vv. 332-383): o adjetivo δεινός (*deinós*), que qualifica "homem", significa, ao mesmo tempo, "terrível" e "espantoso":

> Somam-se os assombros (δεινά, *deiná*),
> mas o homem ensombra o próprio assombro (δεινότερον, *deinóteron*).

A capacidade criativa do homem só encontra limite na finitude existencial. E a consciência da limitação temporal deveria nortear suas ações. Duas formulações se destacam nesse coro notável, por caracterizarem com precisão a polarização da poesia sofocliana. O autor escreve: παντοπόρος·ἄπορος (*pantóporos; áporos*, 360), e, a seguir, ὑψίπολις·ἄπολις (*hypsípolis; ápolis*, 370): os quatro adjetivos referem-se ao homem, que é dotado "de toda sorte de recursos" (παντόπορος, *pantóporos*) e "sem recurso (ἄπορος, *áporos*) em nada encaminha-se para o futuro", excetuando a morte; se respeita a justiça divina, torna-se ὑψίπολις (*hypsípolis*, literalmente: "elevado na cidade"); ἄπολις (*ápolis*, "sem-cidade") será aquele "que está para cometer o não-belo, em decorrência de sua ousadia (τόλμας, *tólmas*)". O talento intelectual e o potencial de invenção parecem inesgotáveis e só conhecem uma barreira intransponível: a morte. Esse parâmetro deve fazer parte de seu horizonte de ação, circunscrevendo-lhe o comportamento no âmbito da pólis. É a relação com os que experimentam a eternidade temporal (os deuses) o que demarcará a posição do homem dentro ou fora da cidade. Seus múltiplos recursos não devem se confundir com a ausência de limite, pois esta é fruto da "temeridade" (τόλμας, *tólmas*), fatal a qualquer projeto civilizatório.

Creon imagina que seu poder é ilimitado e vê seu mundo desmoronar; Antígone sabe que seu poder é limitado, mas, apesar disso, age como se fosse ilimitado. Esse é o fundamento do herói trágico. Como Aquiles, desde o início ela constata que sua vida será breve, e seu ato, nobre. De certo modo, vive como se já estivesse morta, pois nada do que poderia fazer sentido em sua vida lhe interessa (Ismene, Hemon). É possível imaginar que ela tenha consciência de que sua performance fracassará, isto é, de que Creon irá desfazer o que está prestes a concretizar: o sepultamento do irmão. E, no entanto, ela encobre o corpo de Polinices com uma camada de pó. Ou talvez, por sua própria experiência familiar, tenha clareza sobre os desdobramentos da morte trágica: uma sucessão de mortes até que o equilíbrio seja reinstaurado. E este reequilíbrio de fato se dá quando Creon finalmente decide enterrar Polinices, diante da previsão de Tirésias sobre o suicídio de outros membros de sua família (Hemon e Eurídice). O fascínio que Antígone desperta deve-se justamente ao fato de sua morte ser um acontecimento a respeito do qual ela demonstra lucidez desde o diálogo introdutório com a irmã. Seguindo essa hipótese de leitura, ela estaria sacrificando a própria vida em favor de uma cerimônia fúnebre. Em outras tragédias de Sófocles, a morte é um desdobramento da ação dramática; na *Antígone*, é o dado de onde parte a ação. Em lugar da expectativa sobre o curso dos acontecimentos, fixamo-nos na intensidade da reação verbal. O isolamento absoluto em que a nobre tebana se posiciona desde o prólogo só amplia o efeito ruinoso de sua atitude. A certeza de que nada vai alterar o fim que se aproxima é responsável por sua magnitude. Nesse sentido, interessa pouco a análise dos argumentos deste ou daquele personagem, pois é a tensão interna da jovem que catalisa a admiração do leitor. A radicalidade da posição solitária e a capacidade de sustentar até o fim a condição devastadora aparecem indicadas no nome Ἀντι-γόνη: "Antinata", "Antigerada". Trata-se de uma palavra composta da preposição ἄντι, "(anti) "de encontro a", "contra", e do substantivo γονή, (goné), "ação de engendrar", e, no sentido passivo, "descendente", "filho". Nascida à contracorrente, isolada no seio da própria família, Antígone morre sem deixar descendentes, exceto a voz contrária que continua a ressoar. Foi talvez pensando na intensidade desse eco solitário que George Eliot formulou sua frase ao helenista inglês.

***

Depois de concluir a introdução acima, ao reler a peça por ocasião de meu concurso de livre-docência, detive-me novamente nos versos 810-816, que me parecem conter uma importante chave de leitura da *Antígone*, conforme enuncio a seguir, esperando retornar ao assunto em breve.

A questão diz respeito à caracterização da manifestação sexual de Antígone. É curioso que uma virgem, que lamenta morrer sem marido e sem filhos, revele total indiferença pelo noivo Hemon. Essa indiferença surpreende ainda mais se lembrarmos que Antígone, desde o início da tragédia, mostra-se consciente da punição que decorrerá do enterro de Polinices (vv. 69-77). Ou seja, Antígone sabe que vai morrer e concentra toda sua energia no ato que acelera seu fim. Arrisco formular a hipótese de que é a impossibilidade de deslocar seu desejo para fora do âmbito de uma família marcada pelo incesto o que a leva a ignorar o próprio noivo. Incapaz de experimentar a relação conjugal e de configurar um novo cosmos, Antígone encontra na morte do irmão o episódio que lhe permite abreviar a própria agonia. Se pensarmos desse ângulo, a tragédia não se resumiria ao conflito entre costume privado e ordem pública, mas teria a ver com a incapacidade de transpor um âmbito viciado de relações afetivas. Antígone revela a impossibilidade de vivenciar uma experiência fora dos elos obsessivos que aprisionam os membros de seu clã incestuoso. Cito uma ou outra passagem que me parecem sustentar essa leitura. Chama a atenção, por exemplo, o verso 90, em que Ismene se surpreende com o plano enfaticamente defendido pela irmã: ἀμηχάνων ἐρᾷς: (*amekhánon erâs*) "amas o impossível" (o adjetivo ἀμήχανος, *amékhanos*, tem vários sentidos, além de "impossível": "impraticável", "aquilo contra o que nada se pode", "inconcebível")! O exame do termo φιλία (*philía*) nos aponta para a mesma direção. Embora φιλία (*philía*) possa ter sentido não marcado, mais geral, indicando o elo de amizade e afetividade entre membros de um grupo, o emprego mais específico da palavra, conotando sexualidade, é corrente em grego. Nesse sentido, leia-se, por exemplo, o verso 73, em que Antígone imagina a cena de seu encontro com o irmão no Hades:

φίλη μετ'αὐτοῦ κείσομαι, φίλου μέτα

phíle met'autû keisomai, phílou méta

querida com ele me deitarei, com o querido

Destaco, desde logo, o recurso do poliptoto, que acentua o elo afetivo entre a heroína e o irmão: φίλη (*phíle*, "querida") / φίλου μέτα (*phílu méta*, "com o querido"). Κεῖμαι (*keimai*) significa jazer, "deitar-se com", e é usado também no contexto erótico, desde Homero (p. ex. *Ilíada* 9, 556). Na *Antígone*, esse termo é empregado várias vezes, relacionado a situações que sugerem erotismo e funeral, motivos frequentemente sobrepostos (cf. 73, 94, 484-485, 1223-1225).

Se a leitura que proponho for aceitável, ao se encaminhar para o túmulo nupcial, Antígone exprime seu desejo camuflado na expressão aparentemente retórica que pronuncia (v. 816): Ἀχέροντι νυμφεύσω (*Akhéronti nympheúso*). Graças ao duplo sentido do dativo em grego, de companhia e locativo, poderíamos entender a expressão diferentemente da maioria dos tradutores da peça, que optam pelo primeiro sentido ("me casarei com o Aqueronte"), e arriscar o segundo: "me casarei no Aqueronte". Ciente, desde o início, de que seu feito a levará à morte, Antígone procura fazer de seu "fim" um ato "belo" (v. 72: καλόν θανεῖν, *kalón thanein*), mais ainda, um prodígio heroico responsável por seu renome eterno, nos moldes da idealização homérica: κλέος εὐκλεέστερον (*kléos eukleésteron*, v. 502: "glória mais gloriosa"). Essa possibilidade de, no isolamento de seu ato exemplar, obter a glória eterna, encobre outras dimensões da motivação da filha de Édipo, ligadas a seu histórico de confusas funções familiares, em que os vínculos se sobrepõem e se misturam.

Talvez seja interessante citar o trecho em que a expressão Ἀχέροντι νυμφεύσω (*Akhéronti nympheúso*) se insere, ou seja, os versos 810-816:

ἀλλά μ' ὁ παγ-
κοίτας Ἅιδας ζῶσαν ἄγει
τὰν Ἀχέροντος
ἀκτάν, οὔθ' ὑμεναίων
ἔγκληρον, οὔτ' ἐπὶ νυμ-
φείοις πώ μέ τις ὕμνος ὕ—
μνησεν, ἀλλ' Ἀχέροντι νυμφεύσω.

allá m'ho pan-
koítas Haidas zdôsan águei
tàn Akhérontos
aktàn, uth' hymenaíon
énkleron, ut' epì nym-
pheíois pó mé tis hymnos hy-
mnesen, all' Aquéronti nympheúso.

Winnington-Ingram analisa a passagem em seu estudo sobre Sófocles[3]. Depois de registrar que a tripla referência ao matrimônio (ὑμεναίων, *hymenaíon*, "das núpcias"; ἐπὶ νυμφείοις, *epí numpheíois*, "para as núpcias", "à câmara nupcial"; νυμφεύσω, *nympheúso*, "desposarei") deve ser lida como deliberada num escritor como Sófocles, e indagar: "Antígone também estava apaixonada?", o autor relaciona a pergunta a Hemon, antes de focalizar outro ponto de seu interesse. Mesmo em relação à presença de παγκοίτας (*pankoitas*), o helenista, embora reconheça que ao sentido de "repouso" previsível para o Hades, se acrescentaria a referência à câmara nupcial, repito, apesar dessa aproximação a meu ver exata, não avança na direção que me parece clara, preferindo relacionar, de passagem, o episódio a Hemon. Aliás, cabe registrar que pouco antes, no verso 801, o coro já havia empregado o mesmo adjetivo παγκοίτην, (*pankoíten*) referindo-se com ele a θάλαμον (*thálamon*, "cômodo", "quarto nupcial"). Mark Griffith, em sua edição crítica da peça, propõe a seguinte tradução: "a câmara em que tudo conduz à morte"[4]. Ora, o emprego de παγκοίτης (*pankoítes*), seja como adjetivo de θάλαμος (*thálamos*, v. 801), seja como epíteto de Hades (v. 810), não me parece indicar a "dormência eterna" do Hades, como os dois helenistas propõem. Παγκοίτης (*Pankoítes*, repare-se no corte do verso 810, que coloca em relevo a composição vocabular: παγ-κοίτας, *pan-koítas*) não significa aqui "pandormência", tradução que, de resto, se afasta demasiadamente do sentido primeiro de κοίτης (*koítes*), adjetivo de κοίτη (*koíte*): "leito", mais especificamente, "leito nupcial" (ver, por exemplo, em Ésquilo: *Suplicantes* 806; em Sófocles: *As Traquínias* 922; em Eurípides: *Hipólito* 154, *Medeia* 436, *Alceste* 925). Assim, no trecho em questão, não entendo παγκοίτης (*pankoítes*), referente ao Hades, como "aquele que adormece tudo", mas onde "todo tipo

3 *Sophocles – An interpretation*, Cambridge UP, 1980, reimpressão 1994, p. 94-6.
4 *Sophocles – Antigone*, Cambridge UP, 1999, p. 266.

de coito ocorre", sobretudo o que Antígone, em algum plano de sua mente, numa linguagem contida e opaca pela autocensura, imagina com o próprio irmão. Numa tradução explicativa dos versos 810-16, poderíamos ler:

> Mas o Hades, pan-acasalador, conduz-me viva à margem do Aqueronte, não aquinhoada pelas núpcias; nenhum hino ressoou no casamento; me casarei no Aqueronte.

ou:

> Hades, leito pan-nupcial,
> conduz-me viva
> às fímbrias do Aqueronte,
> sem núpcias,
> sem hino:
> noiva no Aqueronte.

Antígone

ANTÍGONE:
Homossanguínea irmã, querida Ismene,
será que Zeus nos poupa, enquanto formos
vivas, de algum dos males que abateram
Édipo? O rol do horror está completo:
dor, despudor e desonor, que dis-
sabor nos falta? O general promulga
um decreto à cidade toda. Sabes
algo de seu teor ou desconheces
os males que inimigos têm causado
a quem ambas amamos? Nada ouviste?

ISMENE:
Desde que nos privamos ambas de ambos
os irmãos num só dia, pela ação
de mãos recíprocas, nada escutei
de alegre ou triste. Após argivos irem
noite adentro, nenhuma novidade
aliviou meu sofrimento antigo
ou agravou-me a agrura que carpia.

ANTÍGONE:
Era o que eu pressentia e foi por isso
que preferi falar contigo fora.

ISMENE:
Há um tom crepuscular em tuas palavras.

ANTÍGONE:
Pudera! O rei não ordenou o enterro
de um só de nossos dois irmãos? Etéocles
faz jus ao que prescreve o rito, e as honras
do pós-morte recebe na clausura
subtérrea. Já o pobre Polinices
não será sepultado (esse é o boato),
não será lamentado, mas, sem tumba,
sem lágrima, os abutres abocanham
o tesouro dulcíssimo ao estômago!
Contrário a ti e a mim, sim!, contra mim,
o generoso rei detalhará
em carne e osso o que promulga aos cadmos
que o ignorem. A punição comprova
o quanto o caso é grave, pois o povo
arroja no revel pedras mortíferas
em plena urbe. Logo terás chance
de revelar se, saindo aos genitores,
és nobre, ou má, gerada por notáveis!

ISMENE:
Se o caso é esse, como eu poderia
atar ou desatar o nó, Antígone?

ANTÍGONE:
Compartilhando um plano com tua irmã!

ISMENE:
O que planejas colocar em prática?

ANTÍGONE:
Auxilia esta mão a erguer o morto!

ISMENE:
Não existe um decreto impeditivo?

ANTÍGONE:
É meu e teu irmão, mesmo que o negues.
Ninguém dirá que um dia o desdenhei.

ISMENE:
Mas Creon não se opõe? Ensandeceste?

ANTÍGONE:
Quem pensa que é para tirar-me os meus?

ISMENE:
Recorda como nosso pai morreu
malvisto e malquerido (autodescobre
o autodelito e com as próprias mãos
automutila as órbitas dos olhos)
e como a esposa-mãe (palavra ambígua)
trunca a vida na corda retorcida,
e como nossos dois irmãos, em tércio,
autoassassinam-se num mesmo dia,
cumprindo moira igual por fratricídio
de duas mãos recíprocas. Será
terrível nosso fim, ambas sozinhas,
se, ao arrepio da lei, desafiarmos
a determinação e o poderio
tirânico. Não fomos feitas, nós
mulheres, para combater os homens.
Sob a égide dos fortes, nossa agrura
se agravará. Quem manda me constrange.
Perdão, subtérreos, se me vergo ao chefe!
É pura insensatez transpor limites.

ANTÍGONE:
Nada te impinjo, mas rejeito o auxílio
que por ventura me pretendas dar.
Age como quiseres, que eu me empenho
no enterro! Serei grata se morrer
amando quem me amou, concluindo ao lado

dele o rito. Mais vale o tempo no ínfero
75 do que na companhia de quem vive:
o eterno circunscreve o meu repouso.
Desestima o que os deuses sobrestimam!

ISMENE:
Não é que eu desestime, mas careço
de estofo para contrapor-me ao povo.

ANTÍGONE:
80 Faz disso teu escudo, que eu erijo
um sepulcro ao irmão que tanto admiro!

ISMENE:
O teu futuro, parva, me apavora!

ANTÍGONE:
Não te aflijas! Apruma o teu destino!

ISMENE:
Não comentes teu plano com ninguém,
85 que eu mesma manterei tudo em sigilo.

ANTÍGONE:
Ao contrário! Abomino se calares
o bico, se não falas tudo a todos!

ISMENE:
Tua ânima se inflama com o frio!

ANTÍGONE:
É a forma de agradar a quem mais amo.

ISMENE:
Fosse possível! Sonhas com o ilógico!

ANTÍGONE:
Só paro quando me faltarem forças.

ISMENE:
É um erro andar à caça do inviável.

ANTÍGONE:
Se insistes nesse assunto, ao meu desdém
acresces o desdém de um morto justo.
Problema meu sofrer as punições,
com meu projeto louco. O que eu suporte
não há de me tornar a morte ignóbil.

ISMENE:
Se é assim que vês o quadro, vai em frente!
Mas, saiba, insana, que os amigos te amam!

(*Antígone e Ismene saem. Entra na orquestra o coro dos velhos tebanos*)

CORO:
100 Fulgor de Hélio-Sol,
sobre os sete pórticos de Tebas
está para existir
fanal de igual beleza aceso!
Brilhas, enfim, olho do dia
ouro,
sobre
105 córregos dírceos
pairas!
Avesso ao guerreiro de escudo branco,
egresso de Argos,
fustigas a brida agílima: ei-lo, afoito, pleniarmado,
batendo em retirada!
Polinices liderou-o contra nós,
110 quando a sandice extrapolou a altercação do palavrório:
feito águia estrídula no revoo,
o brancor de asas níveas eclipsou
nossa região
com seu multiarsenal
115 e elmos de crineira eqüina.

Abrindo as fauces às sete portas,
sobrevém às moradas,

num círculo de lanças rubras,
mas regrediu antes de sorver uma gotícula que fosse
de nosso sangue
e a resina abrasiva de Hefesto coroar
as torres.
Ares estronda,
delonga-se no seu lombo,
árdua prova ao dragão adversário.

Zeus detesta
a empáfia do multifalastrão,
e ao vê-los pluriafluindo à vanguarda,
ufanos do estampido ouro,
brande o fulgor do raio,
justo quando, merlos acima,
era audível o alarido da quase supremacia.
E o empunha-archote tomba, tantálico,
troa no contrabaque:
no ímpeto maníaco do frenesi dionísio,
bufa rajadas de um vendaval hostil.
No encalço dos demais,
o mega Ares, nosso mão direita,
empenhava-se no tirocínio.

Sete líderes frente a sete pórticos,
símiles contra símiles,
depositam o bronze das panóplias

a Zeus, doador de vitória,
145 salvo a dupla estígia,
irmãos de pai e mãe:
enristam mútuas lanças imperiais,
auferem a moira comum de tânatos.

Mas Nike advém, megassonora,
em prol de Tebas, multicoches.
150 Urge esquecer rusgas recentes
e povoar os templos dos numes, sem exclusão,
com danças notívagas,
sob a tutela de Baco,
tremor em Tebas!

155 Avisto nas cercanias o recém-rei,
Creon Meneceu;
o novo quadro, deuses o definem.
Que plano o conturba,
160 para convocar a velha guarda?
Um chamamento comum arregimentou a todos.

(*Entra Creon*)

CREON:
Numes aprumam a urbe, após assíduos
sismos acídulos. Mandei que o núncio
vos conduzisse aqui, longe da massa,

165 ciente do quanto fostes leais a Laio.
Durante o tempo em que reinou em Tebas,
Édipo mereceu apreço idêntico,
sentimento mantido por sua prole,
quando morreu. Agora, a moira dupla
170 levou seus filhos homens num só dia,
agressor e agredido, que mãos duplas
maculam. Coube a mim o trono e o cetro,
por nossa relação de parentesco.
A psique, o pensamento, o discrímen
175 de alguém só se conhecem quando, no ápice
do poder, dita norma. O timoneiro
da cidadela com ouvidos moucos
para o que mais convém, o timorato
que mete um lacre à boca, não é de hoje
180 que o considero um rato, não é de hoje
que eu repilo esse títere de biltres.
Idem quem antepõe o amigo à pátria:
não vale nada! Zeus é testemunha,
em sua visão sempitotal: não calo
185 se presencio o avanço de *Ate*, a Ruína,
contra a cidade, no lugar de *Sóter*,
a Salvação. Minha amizade nunca
há de ter quem renega a própria terra,
sabedor como sou de que os amigos
190 se formam navegando em urbe reta.
É só nesse alicerce que arboresce.

Fiel a tal princípio, decidi
sobre os dois mortos o que segue: Etéocles,
tombado no combate em prol da urbe,
195 lança de vulto, jaz oculto em túmulo,
honrado como hão de ser heróis
de seu calibre, enquanto Polinices,
o irmão, um pústula que torna ao lar
desejoso de atear o fogaréu
200 e de ferir a ferro a terra ancestre
e os numes tutelares, desejoso
ademais de sorver o sangue irmão
e encabeçar tebanos subjugados,
não obterá exéquias. Proibido
205 chorar por ele! A céu aberto, informe,
aves e cães degustam sua carne.
Os sórdidos jamais receberão
de mim as regalias de um honesto.
Quem nutre pela urbe amor, merece
210 o meu louvor na vida e no pós-morte.

CORO:
Tens a prerrogativa, Meneceu,
de agir ao bel-prazer com quem é pró
ou contra a pólis, pois dominas todo
dispositivo sobre morto ou vivo.

CREON:
215 Tornai-vos paladinos do que falo.

CORO:
Essa missão condiz com gente jovem.

CREON:
Olheiros tomam conta do cadáver.

CORO:
Devemos nos curvar a outra exigência?

CREON:
Ficai distantes de quem não se fia!

CORO:
220 Ninguém é louco de buscar a morte.

CREON:
Seria sua mercê, mas muitas vezes
o lucro ilude o homem e o arruína.

(*Entra o guarda*)

GUARDA:
Não vou dizer que a pressa fez-me arfar,
alçando pés ligeiros. Pensamentos,

225 aos borbotões, travavam-me. Girava
em círculo, retrocedia; dava
ouvido ao que me aconselhava o íntimo:
"És tolo? Afoito corres para o açoite?
Paraste, bronco? E se outro antecipar-se
230 com a notícia? Vês o teu problema?"
Ensimesmado, retardava os passos,
e a rota breve à frente delongava-se.
Venceu-me a voz de que escutava: "Vai!",
e se dizer é de somenos, digo-o,
235 agarrando-me à esperança: a moira
só me destine o que me for cabível!

CREON:
Por qual motivo vens pisando em ovos?

GUARDA:
Começo pelo que me diz respeito:
não vi nem sei quem foi que fez. Injusto
240 serás, se me imputares corretivo.

CREON:
Envolves em cortina de fumaça
o que vês claro? Já ouço a novidade...

GUARDA:
Hesitamos, se o assunto é espinhoso.

CREON:
Pois desembucha logo e vai embora!

GUARDA:
245 Seja o que deus quiser: alguém há pouco
sepultou o defunto e escapuliu.
Cumpriu o rito, pôs o pó no corpo.

CREON:
Será que entendo bem? Quem ousaria?

GUARDA:
Não sei. Enxada não deixara rastros,
250 nem pá, monturo. A terra dura e esturra
não fora roteada por carril.
O autor foi bem sutil. Quando o vigia
da alvorada nos indicou a cena,
houve uma sucessão de ahs! e ohs!
255 Não estava enterrado, mas debaixo
(como para evitar o sacrilégio)
de camada de pó. Fera ou cão não
deixara marca de que o destroçara.
Tratamo-nos com aspereza, guarda
260 inculpa guarda e quase o bate boca
vira briga impossível de apartar.
Ninguém se dedurava, mas tirava
o corpo fora, alheio a tudo. Não

　　　　　houve quem não se dispusesse a pôr
265　　　a mão no ferro em brasa, pisotear
　　　　　o fogaréu, jurar pelo divino
　　　　　não ser autor ou coautor daquilo.
　　　　　A sondagem fracassa e a intervenção
　　　　　de alguém nos desarmou, apavorados,
270　　　cabisbaixos, sem condição de des-
　　　　　dizê-lo, certos de que bem nenhum
　　　　　viria dali. Melhor seria contar-te
　　　　　o acontecido, sem nada ocultar.
　　　　　Fui escolhido por sorteio; eu,
275　　　sujeito à desventura, chego aqui
　　　　　a contragosto frente a quem não gosta
　　　　　de mim: núncio do mal sempre é malquisto.

　　　　　CORO:
　　　　　Direi tudo o que penso: os deuses não
　　　　　estariam por trás do evento grave?

　　　　　CREON:
280　　　Poupa-me de elucubrações esdrúxulas,
　　　　　se não queres passar por néscio, além
　　　　　de esclerosado! É insano achar que um deus
　　　　　vá se ocupar de um traste. Homens ocultam
　　　　　e honram qual fora benfeitor alguém
285　　　que lança chama em templos, incendeia
　　　　　colunas e oferendas, rompe-urbe,

antinormas! Nomeia um nume – um único! –
que enalteceu o soez uma só vez!
Silêncio... Entrementes descontentes
criticam-me entredentes, meneando
seus vultos na penumbra, impedindo
que eu lhes encilhe a cerviz, servis.
É claro como a luz do dia que ousaram
corromper com propina um desonrado!
Como a circulação da moeda foi
nefasta! Ela devasta a cidadela,
arranca a gente da morada, instrui
e incita as índoles mais insuspeitas
a todo tipo de empreitada sórdida!
Amplia o espectro da antiação e ensina
a impiedade em toda ação. Mas cedo
ou tarde hão de pagar por isso quantos
se envolvam nos delitos. Se existir
um Zeus a quem devoto minhas preces,
sabe, pois que ora firmo um juramento:
se não for descoberta a identidade
de quem o sepultou, se o não tiver
aqui, será insuficiente o Hades:
exibireis a *hybris* – insolência! –
à forca. Sabereis onde buscar
dinheiro no futuro e o quanto custa
ser venal, pois há muito mais pessoas

que se aniquilam com o ganho sujo
do que com ele se beneficiam.

GUARDA:
Posso falar ou devo me ausentar?

CREON:
Será que não percebes como estorvas?

GUARDA:
O mal-estar provém do ouvido ou psique?

CREON:
Queres diagnosticar o meu fastídio?

GUARDA:
O réu te agride a alma; eu, o ouvido.

CREON:
Oh, céus! Um palrador fala comigo!

GUARDA:
Pode até ser, mas não um delituoso.

CREON:
Negocias tua alma por dinheiro.

GUARDA:
Tristeza...
quem julga pela vista e o falso avista.

CREON:
Mas vejam só como embaralha as letras!
325 Dirás, se o crime não for resolvido:
a pena é a paga a quem só apraz a prata.

GUARDA:
Envidarei esforços! Preso ou não,
pois quem decide é a Sorte, a própria *Tykhe*,
o certo é que não mais revês meu rosto.
330 Jamais imaginei sair com vida:
serei, ó deuses, grato para sempre!

(*Sai o guarda*)

CORO:
Somam-se os assombros,
mas o homem ensombra o próprio assombro.
A rajada sul o açula
335 e ele singra o oceano cinza,
sub
adentra ondas amplirrumorejantes.
Ano a ano,

consome, com manobras
340   do arado que a raça eqüina arrasta,
a Terra,
imorredoura, infatigável,
hipercelestial.

Arresta às aves, laivos leves,
345   ao tropel de feras infrenes,
à prole marinha
enreda na trama que entreteceu,
o homem hiperlúcido.
Não carece de mecanismos para dominar,
a céu aberto,
na grimpa,
a fera arisca;
350   subjuga o corcel de crina hirta
e o touro torvo nos píncaros.

355   Aprende a linguagem,
o que é pensar: um sopro;
o afã das leis que civilizam,
a fuga ao gelo que fustiga
quando tempestua.
360   Nem a aporia do porvir poria em apuro
o sem-apuro em sua busca.
Apenas do Hades

ignora como evadir,
apesar da descoberta paliativa
às moléstias mais renitentes.

365 Seu domínio dos meandros da arte
transcende o esperável;
ora ao vil,
ora ao sutil
se encaminha.
Paladino das leis locais
e da justiça que jura aos numes,
370 encabeça a pólis; um sem-pólis,
se, truculento,
comete o não-belo.
375 Longe da lareira do meu lar,
não divida comigo um único pensamento!

(*Entra o guarda, conduzindo Antígone*)

Desconcerta-me o prodígio demoníaco!
Como, se a reconheço,
nego quem é a moça: Antígone!
Desventurada filha de um sem ventura,
380 Édipo!
Será possível? Transgrediste régias
leis? Surpreendem-te num surto
de loucura?

GUARDA:
Quem fez o que não deveria fazer
385   foi ela, presa no sepulcro! E o rei?

CORO:
Ei-lo que sai do paço em bom momento.

(*Entra Creon*)

CREON:
Por que minha chegada é propícia?

GUARDA:
Quem jura que o impossível inexiste?
Pensar lança por terra a ideia fixa.
390   Prometi a mim mesmo nunca mais
voltar, depois de ouvir o turbilhão
ameaçador; mas como o imprevisível
é o sumo do prazer, eu vim, ciente
do meu perjúrio. Tens à frente a moça
395   flagrada ao sepultar o irmão. Não foi
necessário o sorteio desta vez,
pois fui beneficiado pelo acaso.
Coloco-a em tuas mãos, para tratá-la
como bem queiras no interrogatório,
400   que eu nada tenho a ver com esse imbróglio.

CREON:
Como ocorreu a detenção? E onde?

GUARDA:
Ela enterrava o irmão e isso é tudo.

CREON:
Tens certeza do que me estás dizendo?

GUARDA:
A vi com estes olhos sepultando
o corpo que vetavas. Não fui claro?

CREON:
Quero detalhes do flagrante: o como!

GUARDA:
Pois me reporto aos fatos: ainda sob
o impacto das ameaças, removemos
o pó que recobria o morto, e o corpo
umedecido desnudamos. Sobre
o outeiro nos aboletamos, contra
o vento que dissipa o odor de náusea.
Se o sentinela amolecia o corpo,
era tratado rudemente. O tempo
assim seguia, até que o disco de Hélios
solar brilhou no céu, a pino, tórrida

canícula! Foi quando um furacão
redemoinha o pó – furor urânico! –,
invade o plano, trunca o tronco de árvores
420   na selva da esplanada. O mega éter
enubla! Era uma praga dos divinos
que nos forçava a contrair as pálpebras.
O tempo passa e a tempestade cede,
momento em que desponta a moça. Estrila
425   mais que ave ao ver no seu retorno o ninho
vazio de cria. Assim reagia Antígone,
prostrada frente ao corpo nu. Chorava,
lamentava, imprecava contra quem
pudera ser o autor daquele acinte.
430   Soergue o pó mais árido, derrama
tríplice libação sobre o cadáver
da ânfora de bronze bem lavrado.
Quando nos demos conta, avançamos
sobre um ser totalmente indiferente.
435   Queríamos saber o que fizera
e o que fazia. Firme, nada nega.
Prazer e dor, meu sentimento é ambíguo,
pois se há prazer em não sofrer um mal,
é atroz penalizar um ente caro.
Mas tudo menos esperar de mim
440   salvar, em vez da minha, a pele de outro.

CREON:
Tu, que inclinas a testa aonde pisas,
confessas tê-lo feito ou negas tudo?

ANTÍGONE:
Não nego nada do que eu mesma fiz.

CREON:
Podes ir aonde bem entendas: o óbice
da acusação não mais recai em ti.

(*O guarda sai*)

Exijo que esclareças sem rodeios
se estavas informada do meu veto.

ANTÍGONE:
Como desconhecê-lo, se era público?

CREON:
Tens o desplante de pisar em normas?

ANTÍGONE:
Quem foi o arauto delas? Zeus? Foi *Dike*,
circunvizinha das deidades ínferas?
Não ditam norma assim, nem penso haver
em teu decreto força suficiente

para negar preceitos divos, ágrafos,
455 perenes, que não são de agora ou de ontem,
pois sempivivem. Quem nos assegura
sua origem? Não pretendo submeter-me
ao tribunal divino por temor
à petulância de um mortal. Sabia
460 que morreria, mesmo sem o anúncio;
o inverso me surpreenderia. O fim
precoce é um benefício a alguém que sobre-
vive num ambiente sem escrúpulos.
Impossível não ver na morte um ganho.
465 Quase indolor é a moira derradeira,
se comparada à dor de relegar
ao relento o cadáver de um irmão.
Não sofro dessa dor. Se alguém julgar
insano o modo como agi, bem mais
470 insano que esta insana é quem me diz.

CORO:
Saiu ao pai: do cru nasce a cruel,
indiferente à sina mais sombria.

CREON:
Não sabes que o cabeça dura tomba
precocemente e o aço temperado
475 na chama, hiper-rijo, é o que primeiro
descasca e se estilhaça? Basta a brida

curta para domar corcéis ariscos.
Não se permite ao servo que alce o voo
do pensamento. Ao pisotear as leis,
já exibira empáfia antes. Deu-se
por satisfeita? Deu de ombros, riu
do que fizera altiva! Quem seria
o homem, não refreasse o seu poder,
Antígone ou eu? Não me interessa
lhufas se é filha de uma irmã, se mais
do que os demais fiéis a Zeus larário
é minha consanguínea, pois nem ela,
nem sua irmã, com quem se irmanou
ao planejar o enterro, a quem também
inculpo, hão de escapar – nenhuma delas! –
da moira amarga. A vi num ziguezague
túrbido no solar. A quero aqui!
O coração de quem tramou à sombra
um plano vil se acusa antes de agir.
Me dá engulhos quem tem a pachorra
de se orgulhar do crime, surpreendido!

ANTÍGONE:
O que mais queres se me tens e matas?

CREON:
Mais nada! Tenho tudo, tendo isso!

ANTÍGONE:
E retardas por quê? Desdenho e sempre
500 desdenharei o som que provier
de tua boca, como negarás
o que eu disser. Mas quem alcançaria
glória maior que a minha, ao sepultar
meu irmão Polinices? Se o temor
505 não lhes roubasse a voz, concordariam
comigo. Agir, falar o que bem queira
são vantagens de que o tirano goza.

CREON:
Nenhum outro tebano vê desse ângulo.

ANTÍGONE:
Veem sim, mas o pavor lhes trava a língua.

CREON:
510 Não te avexa pensar avessa aos outros?

ANTÍGONE:
Não me envergonha honrar um consanguíneo.

CREON:
Não era irmão o morto antagonista?

ANTÍGONE:

Irmão de um mesmo pai e mesma mãe.

CREON:

Louvas alguém que o outro irmão odiava?

ANTÍGONE:

515   Quem foi que disse? O corpo de um defunto?

CREON:

Exato! Se honras igualmente um ímpio!

ANTÍGONE:

Mas o morto era fâmulo ou meu mano?

CREON:

Arrasa-urbe, contra um paladino.

ANTÍGONE:

Também merecedor dos ritos do Hades.

CREON:

520   Ao vil não cabe o lote do homem íntegro.

ANTÍGONE:

E isso tem algum valor nos ínferos?

CREON:
Nem morto, um inimigo vira amigo.

ANTÍGONE:
Fui feita para o amor, não para intriga.

CREON:
Queres amar? Pois ames nos baixios!
525 Mulher não mandará comigo vivo!

CORO:
Ismene vem do paço e verte lágrimas
filofraternas. Uma nuvem sob
os cílios rouba o viço de seu vulto,
530 umedecendo-lhe o semblante lindo.

(*Entra Ismene*)

CREON:
Ei!, psiu!, falo contigo mesma, víbora
que me sugava o sangue na surdina.
E o tolo aqui não via que nutria
a dupla usurpa-trono! Vai! Confirma:
535 a ajudaste ou dirás "não é comigo"?

ISMENE:
Se ela consente que eu assuma a
coautoria do que foi feito, inculpo-me.

ANTÍGONE:
Repilo! *Dike* não permite! Foste
avessa, e eu recusei o teu auxílio.

ISMENE:
Mas, vendo como sofres, não reluto
em navegar contigo na amargura.

ANTÍGONE:
O Hades sabe quem fez, e os soto-hóspedes;
desamo quem só ama a parolagem.

ISMENE:
Não me prives da glória de morrer
contigo, honrando, irmã, quem faleceu.

ANTÍGONE:
Não morrerás comigo. Não é teu
o que sequer tocaste. Morro e basta!

ISMENE:
A vida se esvazia, se me faltas.

ANTÍGONE:
Pois vai buscar Creon: não és seu títere?

ISMENE:
Mortificar-me não melhora as coisas.

ANTÍGONE:
É amargo rir de ti, se é que eu rio.

ISMENE:
Será que ainda posso ter valia?

ANTÍGONE:
Livra tua cara! Não te invejo a fuga.

ISMENE:
Me sonegas tua moira? Dilacero-me!

ANTÍGONE:
Escolheste viver, eu quis morrer.

ISMENE:
Não foi por falta de me ouvir conselhos.

ANTÍGONE:
Há quem aprove uma ou outra via.

ISMENE:

Mas a nós duas responsabilizam.

ANTÍGONE:

Coragem! Vives; não é de hoje que a ânima
se me morreu, ao devotar-me aos mortos.

CREON:

Direi que a insensatez de uma é recente,
enquanto a outra é louca de nascença.

ISMENE:

Quando o mal sobrevém, bom senso é um traço
que se esvai, mesmo quando vem do berço.

CREON:

É o que comprovas, sócia de uma pústula.

ISMENE:

Que vida eu hei de ter em sua ausência?

CREON:

Evita mencionar quem não existe.

ISMENE:

Assassinas a noiva de teu filho?

CREON:
Há campos virgens, prontos ao plantio.

ISMENE:
570 É rara a conjunção que une um par.

CREON:
Um filho meu não se une à fêmea sórdida.

ISMENE:
Hemon amigo, tens um pai soez!

CREON:
Me cansa a lengalenga nupcial.

ISMENE:
Privas teu filho de uma dama ilustre?

CREON:
575 Eu? Não! O Hades rompeu o esponsalício.

ISMENE:
Parece inevitável sua morte.

CREON:
Um feito. Chega de matar o tempo!
Quero que alguém as leve para dentro.

De olho nelas! Serão tão só mulheres,
580 não seres livres. Mesmo o valentão
tenta escapar ao vislumbrar o epílogo.

(*Antígone e Ismene são conduzidas para dentro*)

CORO:
Eudêmone
é quem na vida não sorveu o travo amargo!
585 Se o nume açula a casa com o sismo,
dissemina ruína
no bojo da família,
símile à onda que,
ao ressopro de contrassopros trácios,
cruza o érebo sub
salino,
revolve o fusco areal
590 nos baixios,
e a orla, ao desvento, antiaçoite,
brame, num lamento.

Antigas adversidades dos falecidos
595 labdácidas recaem
sobre adversidades.
Geração não poupa geração,
e um deus talha

e a tolhe de ser livre.
A luz difusa
600 sobre a raiz derradeira do paço de Édipo,
a poeira púrpura das deidades ínferas
a sega,
e a linguagem oca de sentido,
e a Erínia do raciocínio.

Zeus,
605 a soberba humana
alguma vez
aviltou teu poderio?
Nem Hipnos, pandormência,
nem os meses infatigáveis dos deuses
o usurpam.
Dinasta de um tempo sem velhice,
deténs o rútilo que lucila
no Olimpo.
610 Agora,
antes,
no futuro
é lei:
plenitude
não há
que se insinue na vida perecível,
sem dose de revés.

615 Para muitos,
a esperança multívaga
é dádiva,
para muitos, trapaça de eros volúvel.
Insinua-se em quem nada sabe,
620 até que avance o pé no fervor da flama.
Sábio
o autor do famoso adágio:
"o mal tem ares de bem
àquele cuja mente o deus conduz à ruína."
625 Se lhe reduz ao mínimo o tempo extrarruína.

Mas ei-lo, Hemon, teu filho,
caçula da família.
Chora a moira da noiva, Antígone,
630 padece a frustração das núpcias?

(*Entra Hemon*)

CREON:
Descobrirei já já, sem recorrer
a um vate. Sabes da sentença contra
a noiva e vens querer brigar comigo,
ou, acima de tudo, amas teu pai?

HEMON:
635 Sou teu, meu pai! Os teus conselhos são,

foram e sempre hão de ser meu norte!
Nenhum casório vale a sapiência
da orientação que tens me propiciado.

CREON:
A decisão do pai deve ocupar
lugar central no coração do filho.
Não por outro motivo o homem sonha
manter em casa a prole receptiva,
pronta para expulsar o vil e amar
o amigo. Não dirias do pai de inúteis,
que procriou a própria pena e a burla
antagonista? Não rejeites nunca
a lucidez em troca do prazer
que uma mulher te dá, jamais esqueças
que o afago de uma fêmea má regela.
O duas-caras é pior que praga.
Renega essa moçoila cuja meta
tem sido uma: nos prejudicar!
Deixa que se lhe rompa no Hades o hímen,
pois foi flagrada renegando as leis
da cidade, sozinha, e cumpro à risca
a palavra empenhada: a matarei
mesmo que invoque, Hemon, a proteção
de Zeus, o hemotutelar! Se aceito
desmandos de um parente, o que há de ser
do resto? O virtuoso condutor

do lar revela-se correto na urbe.
O transgressor de leis e o agressor,
o petulante sorrateiro ao chefe,
não espere que o louve. É necessário
665 ceder ao homem que a cidade entrona,
em questões de somenos, no que é justo
e injusto. Manda bem só quem se dobra
ao mando. É nele que acredito: sob
o látego da luta, nunca arreda
670 pé do posto, magnânimo, de escol!
A anarquia concentra o que há de mau:
destrói cidade, arrasa moradias,
desestrutura a tropa, impõe revés.
A antianarquia salva numerosos
675 corpos dos cidadãos corretos. É erro
negar a ordem cósmica, vergar
à imposição da fêmea. Antes cair
aos pés de um homem, a levar a pecha
680 de homúnculo, submisso ao mulheril!

CORO:
Se o tempo não nos rouba a lucidez,
parece-nos sensato o que disseste.

HEMON:
O pensamento, pai, que aflora no homem,
é o dom maior que o deus nos deu. Se falas

685 corretamente ou não, evitarei
comentar, mas carece de beleza
o que o mais das gentes preconiza?
É meu papel notar o que se diz
e o que se faz, as críticas contrárias
690 a ti. O teu olhar oprime a massa,
a cuja voz me poupo de aludir.
Pela penumbra escuto o pranto que a urbe
carpe em favor da moça, e a opinião
de que ela é vítima de uma injustiça,
695 sujeita a perecer por ato nobre,
ao rejeitar que o irmão tombado em pugna
virasse pasto de cachorro ou pássaro,
sem túmulo, carniça de rapina.
Um prêmio em ouro, não merece Antígone? –
700 é a fala obscura que em silêncio alastra-se.
Nada me agrada mais que ver tua ação
frutificar no bem. Quando o renome
paterno impõe-se, o filho rejubila-se,
e vice-versa. Não insistas muito
705 na ideia de que mais ninguém conhece
o certo, pois quem imagina ser
o dono da razão, ter língua e ânima
acima dos demais, quando o examinam,
acham o quê? Vazio! O aprendizado
710 não desmerece o sábio, ou dar o braço
a torcer. A ramagem permanece

na árvore que verga, quando estoura
a vazante invernal. O marinheiro
que não desfibra nunca, tendo a escota
715 firme na mão, controla a própria rota,
suspende a quilha no ar. Amaina a ira!
Não nos recuses a metamorfose!
Malgrado a pouca idade, raciocino:
importa mais que tudo se por nada
720 o ser humano abdica da razão.
Como as coisas não soem ser assim,
aprender com quem fala o bem é bom.

CORO:
Se faz sentido o que ele diz, escuta-o,
725 rei, e ele a ti, pois ambos falam bem.

CREON:
E desde quando um rapazote ensina
o que é pensar a alguém entrado em anos?

HEMON:
Tão só o que é correto. Se sou novo,
deixa de lado a idade e vê meus méritos.

CREON:
730 Existe mérito em louvar rebeldes?

HEMON:
Não é do meu feitio louvar o vil.

CREON:
Mas ela não padece de ser vil?

HEMON:
Não, na opinião unânime da pólis.

CREON:
E a pólis dita meu comportamento?

HEMON:
735   Pareces um novato no palanque.

CREON:
Devo ceder meu cetro a um outro ser?

HEMON:
Não há cidade que pertença a um único.

CREON:
A pólis não pertence ao mandatário?

HEMON:
Reinarias sozinho no deserto.

CREON:
Parece que te alias à mulher.

HEMON:
Só se fores mulher, pois penso em ti.

CREON:
Seu pulha! Contra o pai! Contra a justiça!

HEMON:
Aviltas – erro trágico! – a justiça.

CREON:
Só honro o meu poder. Onde há erro trágico?

HEMON:
Não honras, se desprezas o divino.

CREON:
Capacho de mulher, não tens caráter!

HEMON:
Jamais verás vergar-me ao vergonhoso.

CREON:
Tomas partido dela tão somente.

HEMON:
De ti e de mim, das divindades ínferas.

CREON:
750   Não serás seu marido nesta vida.

HEMON:
Pois sua morte não será a única.

CREON:
Tens o topete de ameaçar teu pai?

HEMON:
É ameaça refutar quem pensa errado?

CREON:
Recobrarás a lucidez aos prantos.

HEMON:
755   Perdeste o senso? – indagaria a um outro.

CREON:
Joguete de mulher, não me atormentes!

HEMON:
Só gostas de falar, jamais de ouvir!

CREON:
Verdade? Evoco o Olimpo: os impropérios
que arrojas contra mim vão te arrasar.
Tragam o ser odioso: que ela morra
aos olhos de seu noivo putativo!

HEMON:
Ah! Não apostes nisso! Ela não morre
comigo perto. Nunca mais teus olhos
hão de mirar o meu semblante. Vai!
Delira ao lado dos que te suportam!

(*Hemon sai*)

CORO:
A cólera moveu-lhe os passos. Sói
ser grave o sofrimento nessa idade.

CREON:
Que se presuma acima dos demais,
mas não livra da morte as duas moças!

CORO:
Tens a intenção de eliminar as duas?

CREON:
Tens razão: uma não tocou no corpo.

CORO:
E a outra morrerá de que maneira?

CREON:
Levada a um lugar vazio de humanos
e oculta viva numa gruta pétrea,
não há de lhe faltar comida. Mácula
nenhuma atingirá a cidadela.
Quem sabe logre não morrer ali,
se roga ao Hades, nume em que se fia,
se reconhece a inutilidade
de venerar o que pertence ao Hades.

(*Creon sai*)

CORO:
Há rusga em que Eros se frustre?
Eros, enreda-reses,
anoiteces à face flébil da núbil,
ocupas, transmarino,
o casebre campesino.
Imortal não há,
tampouco homem – ser-de-um-dia –
imune ao teu desvario.

Incriminas quem tem discrímen,
quando enublas o seu caminho.

Suscitas discordância consanguínea.
Mas hímeros – querer que cintila
entre os cílios belos da virgem –
triunfa,
voz que avulta em concílios que legislam.
Não há quem resista a Afrodite,
deusa que brinca.

(*Antígone entra, conduzida por um guarda*)

No presente cenário,
incluo-me entre os extralei.
Desconheço paliativo ao pranto
que irrompe
ao vislumbre de Antígone indo-se
ao sono delongado
do tálamo.

ANTÍGONE:
Mirai, moradores da pólis ancestre,
o curso de minha jornada derradeira!
Contemplo o rútilo final de Hélios, o Solar –
nunca mais!
Hades, leito pan-nupcial,
conduz-me viva
às fímbrias do Aqueronte,

sem núpcias,
815 sem hino:
noiva no Aqueronte.

CORO:
Honra e louvor formam teu cortejo
ao antro cadaveroso!
Não é doença voraz que te vitima,
não é golpe de espada que te mata,
820 mas autônoma, em vida, solitária
de mortais,
desces ao Hades.

ANTÍGONE:
Soube do amargurante fim da filha de Tântalo,
originária da Frígia,
825 no ápice do Sipilo:
como arame de hera,
a planta pétrea aprisionou-a.
E ela se consome, sujeita à chuva
e à neve, sem trégua,
segundo dizem.
Pálpebras multilacrimais
830 banham os flancos.
Um dâimon me adormenta
do mesmíssimo modo.

CORO:
Mas era deusa e sua prole, divina,
não passamos de humanos, filhos de mortais.
Avulta a fama de quem fenece
se, em vida,
foi símile divino,
e, mais tarde, à morte.

ANTÍGONE:
Ah! Burlam de mim!
Pelos numes ancestres,
a que vêm os insultos,
prévios à partida?
Ó urbe! Aquinhoados
moradores da urbe!
Ó fontes dírceas,
bosques de Tebas, belos coches,
invoco vosso testemunho
(ao menos isso):
parentes não pranteiam;
sob suas leis, parto
rumo à herma tumbiforme de um sepulcro
insólito.
Humanos não habitam a morada,
cadáveres,
vivos ou mortos.

CORO:
Tombaste
em teu avanço ao extremo da audácia,
855   contra o altar altaneiro de *Dike*.
Pagas por crime paterno.

ANTÍGONE:
Tocas em minha chaga mais vulnerável,
no tríplice infortúnio de meu pai,
no revés tentacular dos ínclitos Labdácidas.
860   Ah! O desastroso matrimônio materno,
a autogênese do amplexo
com a mãe, moiramarga...
Nasci desse conluio, mísera!
865   Sem noivo e infeliz,
deles me avizinho.
870   Ah! Irmão, vítima de núpcias adversas,
com tua morte me tiraste a vida.

CORO:
É pio apiedar-se,
mas o poderoso a quem toca o poderio
não tolera a tergiversação.
875   Tua têmpera autônoma destruiu-te.

ANTÍGONE:
Sem amigo, sem pranto, sem núpcias,

levam-me rumo à rota fatal.
Impõe-se-me não contemplar
o olho sagrado que cintila,
880 e meu destino, ilácrimo,
nenhum dos amados o lamenta.

(*Entra Creon*)

CREON:
Tivesse valia a nênia e o pranto
pré-tânatos, ninguém os concluiria.
885 Ordens que dou não valem? Que esperais
para levá-la às dobras de seu túmulo?
Será uma eremita solitária.
Faleça ou sobreviva sob a lápide!
Não nos macula nada do que ocorra,
890 pois que a privamos só da vida acima.

ANTÍGONE:
Meu túmulo, meu tálamo, morada-
-catacumba, onde buscarei os meus,
sem vida, num enxame cadavérico,
personas de Perséfone! Subvou
895 por último – meu caso é bem pior! –,
sem ter vivido o meu quinhão, mas nutro
o sonho de meu pai querer-me bem,
de que, ó mãe, benqueira-me, de ser

por ti benquista, irmão germano! A tríade,
banhou-a minha própria mão. Do cosmos
dos adornos cuidei, sobrelibei
nos sepulcros. Ganhei o que ganhei,
Polinices, por enterrar teu corpo!
Entre os sensatos, fiz o que devia,
pois fora mãe de prole numerosa,
ou fora meu esposo morto exposto
ao sol, jamais desafiaria a pólis.
Baseio-me em que lei? Se meu primeiro
marido falecesse, um outro pai
meu filho poderia ter. Mas como
seria novamente irmã, se o Hades
ensombreceu meus pais? Foi essa a lei
em que fundamentei meu hiperzelo,
mas a Creon quis parecer que incorro,
irmão, na *hamartia*: erro trágico!
Agora me conduzem pelas mãos,
sem himeneu, sem leito, sem a moira
matrimonial, sem filho, solitária
de amigos, viva – moira amarga! – aos mortos.
Denegri qual das normas demoníacas?
Não há razão para eu mirar de novo
os numes. Quem se me alia? Pura,
não houve um veredito só: "impura"?
Se os deuses acham certo o que eu sofri,
padecerei, anuindo, o meu equívoco.

Se o erro é de quem julga, então padeça
a mesma pena que hoje ele me imputa.

CORO:
Mesmos golpes dos mesmos vendavais
da ânima ainda a fustigam.

CREON:
Não por outro motivo custará
bem caro a letargia de quem a guia.

ANTÍGONE:
Ai! Eis a interjeição que já me põe
no umbral de tânatos!

CREON:
Não serei eu quem vai te encorajar
a pensar o contrário.

ANTÍGONE:
Despeço-me de Tebas, terra ancestre,
dos numes nossos.
Levam-me, a espera expira.
Olhai, primazes de Tebas,
o que sofre, e em que mãos,
a única remanescente de tuas princesas,
pia em sua piedade!

(*Antígone é conduzida*)

CORO:
Egressa do fulgor zenital,
945 Dânae também sucumbiu aos recintos bronzilavrados,
retida na caligem do tálamo tumular!
E a estirpe dela, menina, era de elite,
fulcro do sêmen de Zeus, chuva-ouro.
950 A dinâmica da moira é uma incógnita:
nem luxo, nem lide,
nem torre, nem negra nau salino-algoz,
se lhe esquivam.

O filho de Drias, basileu dos edônios, um truculento,
955 foi retido.
A desrazão da parolagem
valeu-lhe a clausura na prisão de pedra
(Dioniso o quis),
onde destila o furor tétrico
960 e a empáfia da insensatez.
Deu-se conta de que, maníaco de sandice,
agredira o deus com o fel de sua língua ferina:
pretendera remansear fêmeas dionísias
e a flama evoé,
965 refrear musas amigas-do-flautim.

Nas fímbrias do Bósforo,
junto ao pélago cianuro do mar duplo,
situava-se Salmidesso,
logradouro trácio.
Ares, nas cercanias da urbe,
avistou o horror da ferida nos olhos cavos
dos filhos de Fineu (eram dois),
obra de uma consorte crudelíssima:
"*Alástor*! Vingança!", clamam os círculos sem luz,
contra as mãos rubras
e as navetas pontiafiadas.

No declínio de ambos, choram, miseráveis,
a mísera aflição,
obra da máter de más núpcias.
E ela descendia dos Eréctias,
fina cepa.
Fora criada em antros longínquos,
no olho do vendaval paterno,
filha de Bóreas,
corcel arisco em cima da grimpa íngreme.
Filha de deuses,
mas nem por isso livre das Moiras sempivivas.

(*Tirésias entra, conduzido por um jovem*)

TIRÉSIAS:
Com a visão de um só, a dupla cumpre
o caminho comum: o enceguecido
990   avança, se o conduz a mão de um outro.

CREON:
Qual novidade vens trazer-me, vate?

TIRÉSIAS:
Não tardas em saber. Acolhe o áugure!

CREON:
Alguma vez neguei teus bons conselhos?

TIRÉSIAS:
E deste um rumo próspero à cidade.

CREON:
995   Vantagens que jamais desmereci.

TIRÉSIAS:
Percebes que te abeiras de um abismo?

CREON:
Não entendi. Me faz tremer tua língua.

TIRÉSIAS:
Pois fica atento a mântica dos signos.
Assentava-me à sédia ancestre, escruta-
-pássaros, porto de aves multiformes,
quando auscultei o ignoto trom alígero,
estro funesto, algaravia bárbara.
Notei que as garras rubras destroçavam-se –
o tatalar das alas era claro.
Me alarmo, meto fogo na ara pluri-
flâmea. Das vítimas, Hefesto não
fulgura, mas a enxúndia cai da coxa
na cinza e, liqüefeita, se esfumaça;
a bile esvaecendo no ar crepita,
a crosta de gordura não encapa
os músculos, mas, derretida, empasta.
O jovem me inteirou no aborto mântico
de um rito opaco. Ele me guia os passos,
função em que também me imbuo. A pólis
adoece com tua decisão. Não há
nenhum altar sequer, uma só ara,
sem a carniça que cachorro e pássaro
arrancam de um sem-moira, prole de Édipo.
Eis o porquê das preces denegadas,
da não-flama dos fêmures, de as aves
não trinarem um signo pró: seu pasto
foi a gordura rubra de um defunto.
Reflete, filho, sobre o que eu profiro!

É da natura humana errar, mas, se o homem
1025 erra, deixa de ser um triste tolo,
se se empenha na ação e remedeia
o que fez. Soa à estupidez viver
submisso à ideia fixa. Vai! Concede!
Deixa de espicaçar quem já partiu!
1030 Há bravura em reassassinar cadáver?
Só falo por teu bem. Agrada ouvir,
se se tira proveito dos conselhos.

CREON:
Como flecheiros, sênex, miram o alvo,
atirais contra mim. Sequer a mântica
1035 foi poupada. Não passo de mercância,
sujeito à compra e venda em vossos tráficos.
Chafurdai no dinheiro, se quiserdes,
negociai o âmbar sardo, o ouro indiano,
mas ninguém nunca enterrará o corpo,
1040 mesmo que as águias do Cronida almejem
agarrar a carniça, trono acima,
nem nesse caso, por temor ao miasma,
aceito que o sepultem. Não há homem
com força para macular um nume.
1045 Até o artista multifário tomba
na infâmia quando apalavra, hábil,
suas palavras infames, pelo ganho.

TIRÉSIAS:

Ai!

Existirá alguém que me compreenda?

CREON:

O que dizes de tão universal?

TIRÉSIAS:

1050 Que o bom conselho é o bem de mais valor.

CREON:

E a estupidez é o que há de mais soez.

TIRÉSIAS:

Acabas de nomear tua moléstia.

CREON:

Não sou de dar resposta torta a um áugure.

TIRÉSIAS:

É o que fazes, dizendo: "o augúrio é falso!"

CREON:

1055 Pois avareza nutre a raça do áugure.

TIRÉSIAS:

E a infâmia nutre a raça do tirano!

CREON:
Sabes com quem estás falando? Um rei!

TIRÉSIAS:
Rei que, graças a mim, salvou a pólis.

CREON:
És um vate sagaz, mas sem escrúpulos.

TIRÉSIAS:
1060 Direi o que guardava no meu íntimo.

CREON:
Desembucha, se não te move o lucro!

TIRÉSIAS:
Lucro? Mas teu futuro é o que vislumbro!

CREON:
Pois saibas que não vendo pensamentos.

TIRÉSIAS:
Antes de o Sol cumprir um grande rol
1065 de circunvoluções, irás trocar
cadáver por cadáver de tuas vísceras.
Subarrojaste alguém de cima, e a ânima
viva clausuras vergonhosamente

num sepulcro! Reténs aqui um morto
1070 sem a moira dos numes soto, sem
túmulo, sem exéquias! Esse assunto
não é da tua alçada, nem dos deuses
supra. Não passas de um violentador!
Erínias já te espreitam, vingadoras
1075 tardoletais dos deuses e do Hades,
e te enredas nos males que alastraste.
Tens peito de dizer que sou comprado?
Cronos não tarda e logo descortina
no paço o choro feminino e másculo.
1080 As urbes se revoltarão em bloco,
pois feras, aves, perros banquetearam-se
nas entranhas de muitos, transportando
o odor macabro ao larário público.
Me ofendeste demais! Recolhe os dardos
1085 certeiros que arremeto eu, arqueiro,
direto ao coração – ardor sem fuga!
Vamos, menino, para casa! Deixa
que desopile a bile entre os mais púberes!
Aprende a alimentar de paz a língua!
1090 Aprimora o que tens na mente agora!

(*Tirésias sai*)

CORO:
Partiu, mas antes de partir previu

o horror, e desde quando as mechas brancas
enegreciam, sabemos que jamais
prognosticou augúrio falso à pólis.

CREON:

1095 A psique aturde, pois ceder é duro,
mas não é menos duro se resisto
e ateio no íntimo *Ate*, Atrocidade.

CORO:

O caso pede, Meneceu, prudência.

CREON:

Sou todouvido a sugestões que faças.

CORO:

1100 Tira a moça da lúgubre morada
e erige ao morto a tumba a céu aberto.

CREON:

És da opinião que devo me curvar?

CORO:

E logo! O corretivo pés-agílimos
do deus fustiga o parvo sem clemência.

CREON:

1105   Custa-me contrariar o coração;
mas quem derrota *Ananke*, o Necessário?

CORO:

Não transfiras a um outro o teu encargo!

CREON:

Vou do jeito que estou! Depressa, asseclas,
ausentes e presentes, rumo ao ponto
1110   que assesto, cada qual com sua acha!
Entesto o grupo e livro a prisioneira:
não penso mais da forma que pensava,
pois avalio que o principal na vida
é se curvar às leis estatuídas.

(*Creon sai*)

CORO:

1115   Nume polinome,
júbilo da núbil Semele
e de Zeus tonitruante,
protetor da Itália, a ínclita,
rei nos convales plenirreceptivos de Deos
1120   (Elêusis):
em Tebas, máter-pólis,
ó Baco,

vives à beira-Ismeno,
flúmen sinuoso,
1125 onde o dragão arredio
foi semeado.
O fumo flâmeo,
rocha duplicume acima,
te escrutina,
e a fonte castália;
1130 as ninfas corícias
avaçam,
dionísias.
E os penhascos de Nisa, vestes-hera,
e o dorso verde-vítreo de plurivinhas,
te enviam,
1135 e vislumbras pavimentos tebanos,
e o evoé ambrosíaco
é audível!

No universo das urbes,
nenhuma angariou tanto de ti
e de tua mãe,
1140 que o corisco eclipsou!
Grave moléstia empesta
o bojo das cidadelas
no presente:
vem,
transpõe com teus pés

(pura catarse!)
as grimpas do Parnaso
1145 e o Euripo, estreito carpidor!

Coreagrafas o estelário
flâmeo-arfante,
orquestras o vozerio noctívago,
prole de Zeus;
1150 propicia tua epifania,
príncipe,
precípuo no séquito das Tíades –
mênades noturnas
em dança túrbida
por quem as inspira:
Iaco!

(*Entra o mensageiro*)

MENSAGEIRO:
1155 Vizinhos do solar de Anfíon e Cadmo,
na vida humana nada é perdurável,
que possa ser louvado ou censurado,
pois a fortuna apruma e a fortuna
afunda sempre o afortunado e o des-.
1160 Ninguém é vate do que se apresenta.
Mencione quem não invejou Creon
quando salvou os cadmos de inimigos!

Monarca plenipotenciário, a prole
de ilustres filhos lhe surgia. Nada
1165 ficou, e quem carece de prazer,
nem entre os seres vivos o figuro:
é um cadáver com ânima, só isso!
Entulha de ouro a mega moradia;
adota o estilo de viver tirano;
1170 se deleite não há, não vale o resto
a sombra fúmea, em troca do prazer!

CORO:
Que outro revés atingirá os reis?

MENSAGEIRO:
Morreram e os culpados sobrevivem.

CORO:
Quem matou? Quem morreu? Quero respostas!

MENSAGEIRO:
1175 Hemon morreu; nas mãos traz hematomas!

CORO:
Quem o matou? Seu pai? Sua própria mão?

MENSAGEIRO:
Suicidou-se, enfuriado contra o pai.

CORO:
Não foi em vão o que previste, vate!

MENSAGEIRO:
Sim; e nos cabe planejar o resto.

CORO:
1180 Vejo que a esposa de Creon, Eurídice,
sai do solar. Será um mero acaso
sua vinda ou escutou o que dizíamos?

(*Eurídice entra* em cena)

EURÍDICE:
Tebanos, prestes a sair do paço,
com a intenção de suplicar a Palas,
1185 ouvi o que dissestes. Destravava
a porta que entreabriu-se e a voz do horror
doméstico feriu-me o ouvido. A ancila
evitou minha queda, quando, cheia
de pavor, desequilibrei-me. Fala
1190 o que ocorreu de fato, pois quem ouve
é uma rainha calejada em ruínas.

MENSAGEIRO:
Direi sem omitir nenhum detalhe
da verdade, pois mitigar os fatos

me leva a ser tachado de falsário.
1195 Não há sinuosidade na verdade.
Fui com o rei ao cume da chapada
onde jazia ainda Polinices,
mortalha-da-matilha. Após rogarmos
calma a Plutão e à deusa dos caminhos,
1200 que eram só cólera, com água limpa
depuramos da escória o cadáver.
O resto ardeu nos talos das ramagens.
Com nossa terra erguemos um sepulcro;
ato contínuo, ingressamos no oco
1205 pétreo da câmara nupcial subtérrea.
Um dos homens captou a voz sofrida
no pórtico da gruta não-louvada;
retrocede e registra o fato ao rei.
O soberano avança e, enquanto avança,
1210 mais se avizinha o grito, indiscernível,
até que, soluçando, diz: "Tornei-me
um vate? Cumprirei a trilha mais
funesta dentre as rotas que perfiz?
É o bálsamo da voz de Hemon? Entrai,
1215 servos, pela fissura do sepulcro
fundo-pétreo, que beira a tumba! Existe
uma boca de acesso. Então, dizei-me
se ouvi meu filho ou se me aturde um nume!"
Escrutinamos tudo, como, exânime,
1220 o rei mandara. A vimos na longínqua

tumba, suspensa no ar pela garganta,
que o véu de linho estrangulava. Hemon,
arcado, enlaça-lhe a cintura, chora
no ínfero o fim da noiva, o que fizera
1225 o próprio pai, o travo de seu tálamo.
Creon, assim que o vê, emite um grito
estígio, avança, o chama, desatina:
"O que fazes? Ensandeceste? O que
teu coração rumina? Ruína? Vem,
1230 meu filho, sai daí, que eu te suplico!"
A fúria revirava o olhar do jovem,
que lhe escarra na cara e cala. Saca
da espada, duplo-fio, e a lança contra
o pai em fuga ágil. Falha! Irado
1235 consigo mesmo, pressionou então
o corpo sobre a espada, em plena pleura.
Agonizando, estende o braço lânguido
à noiva, e um jato sanguinário arroja,
tingindo, gota a gota, a face branca.
1240 Cadáver com cadáver, o ritual
do esponsalício ocorre onde Hades mora,
mostrando que a abulia do impensar
é o mal maior que anula a humanidade.

(*Sai Eurídice*)

CORO:
Eurídice sumiu abruptamente,
1245   sem dizer algo bom ou ruim. Estranho!

MENSAGEIRO:
Também me surpreendi. Quem sabe não
preferiu evitar o choro em público,
sabendo da ocorrência com o filho?
Talvez ordene a escravas luto em casa.
1250   Conhece o erro da *hamartia*, trágico!

CORO:
Partilharia alegre da opinião,
mas temo o grito e o peso do silêncio.

MENSAGEIRO:
Entremos no solar e averiguemos
se o coração inquieto não represa
1255   algum segredo. Aceito que o excesso
de silêncio sopesa fortemente.

(*Sai o mensageiro e entra Creon, carregando o corpo de Hemon*)

CORO:
Não é outro senão o rei que chega,
trazendo o monumento indiscutível

da ruína – ouso dizê-lo – de que foi
1260   o responsável: o erro é dele, trágico!

CREON:
Ó
equívocos da mente demente,
estéreis e mortíferos!
Mirai:
assassinado e assassino
1265   oriundos de uma mesma origem!
Desastre dos meus equívocos!
Ai! Filho!
Ao imaturo tolhe a morte prematura,
por minha, não tua, obtusidade!

CORO:
1270   Lamento a lucidez tardia.

CREON:
Ai! Sei dimensionar a ruína! Um deus
golpeou-me, impôs-me à testa o mega peso,
conduziu-me por senda crudelíssima,
1275   repisou no reverso da alegria!
Ai! Sôfrego sofrer do ser humano!

(*O mensageiro entra*)

MENSAGEIRO:
Ao mal que tens nas mãos, deves somar
um mal adicional, ó rei, que já
1280 se descortina nos recintos régios!

CREON:
Qual gravame me agrava o que já é grave?

MENSAGEIRO:
Tua mulher morreu, a magna máter
do morto, mártire dos próprios golpes!

CREON:
Ai!
Ai! Porto do Hades, túrbida-catarse!
1285 Por que me anulas?
Amaroarauto, o que me noticias?
Tua voz troa o quê?
Matas um morto.
Falas o quê, menino? Uma nova, para mim,
1290 ai!,
morte, da consorte, impõe-se, sangrenta,
ao meu desastre?

CORO:
Já é possível vê-la paço afora.

CREON:
Ai!
1295 Já avisto meu segundo mal, meu outro!
Devo me resignar a mais revés?
Nem bem estreito o filho em minhas mãos,
e tenho à frente, ó dor, outro cadáver!
1300 Ai! Mãe desventurada! Ai! Triste filho!

MENSAGEIRO:
No altar, feriu-se com a espada afiada
...
fecha o lacre das pálpebras, chorando
Megareu, morto outrora, e o leito oco,
e então Hemon; rogou vingança contra
1305 ti, matador dos filhos: parricida!

CREON:
Ai! Sob o medo desmorono! Alguém,
com um punhal, não me beneficia?
1310 Como autodefinir-me? Miserável!
A mísera catástrofe me afunda!

MENSAGEIRO:
À beira-morte, Eurídice te inculpa
pela moira de Megareu e Hemon!

CREON:
Mas como minha esposa se matou?

MENSAGEIRO:
1315 Autogolpeou o fígado ao ouvir
o padecer pranteado em prol do filho.

CREON:
A culpa não recai em mais ninguém,
pois que ela tem a ver tão só comigo.
Eu te... eu te matei, ó ser tristíssimo,
1320 soletro o que é veraz: E-U! Escravos,
me conduzi daqui! Levai embora
1325 alguém que até do nada fica aquém!

CORO:
Se se lucra no mal, logras um lucro:
a pressa é um bem quando te espreita o mal!

CREON:
Ai!
Se me ilumine a moira derradeira,
1330 a mais bela, a jornada terminal!
Vem,
que eu rejeito mirar a luz do dia!

CORO:
Mais tarde! Preme o que aí jaz! Incumba
1335 quem deve se incumbir do que vier!

CREON:
Expus o meu desejo em minha súplica.

CORO:
Não faz sentido a súplica: ninguém
se esquiva ao que o destino determina.

CREON:
1340 Levai embora um homem insensato,
algoz, meu filho, teu algoz, a contragosto, também o teu, minha infeliz!
1345 A quem olhar? Tudo, ao meu toque, oscila,
me afunda o caos de um fado desconexo!

CORO:
A vida é grata se a ponderação
prepondera. Erra quem ofende o nume.
1350 A mega parolagem da soberba,
o mega açoite a pune;
ensina a ponderar na senectude.

Αντιγόνη

ΑΝΤΙΓΟΝΗ

Ὦ κοινὸν αὐτάδελφον Ἰσμήνης κάρα,
ἆρ' οἶσθ' ὅ τι Ζεὺς τῶν ἀπ' Οἰδίπου κακῶν
ὁποῖον οὐχὶ νῷν ἔτι ζώσαιν τελεῖ;
οὐδὲν γὰρ οὔτ' ἀλγεινὸν οὔτ' ἀκῆς ἄτερ
οὔτ' αἰσχρὸν οὔτ' ἄτιμόν ἐσθ', ὁποῖον οὐ
τῶν σῶν τε κἀμῶν οὐκ ὄπωπ' ἐγὼ κακῶν.
καὶ νῦν τί τοῦτ' αὖ φασι πανδήμῳ πόλει
κήρυγμα θεῖναι τὸν στρατηγὸν ἀρτίως;
ἔχεις τι κεἰσήκουσας; ἤ σε λανθάνει
πρὸς τοὺς φίλους στείχοντα τῶν ἐχθρῶν κακά;

ΙΣΜΗΝΗ

ἐμοὶ μὲν οὐδεὶς μῦθος, Ἀντιγόνη, φίλων
οὔθ' ἡδὺς οὔτ' ἀλγεινὸς ἵκετ' ἐξ ὅτου
δυοῖν ἀδελφοῖν ἐστερήθημεν δύο,
μιᾷ θανόντοιν ἡμέρᾳ διπλῇ χερί·
ἐπεὶ δὲ φροῦδός ἐστιν Ἀργείων στρατὸς
ἐν νυκτὶ τῇ νῦν, οὐδὲν οἶδ' ὑπέρτερον,
οὔτ' εὐτυχοῦσα μᾶλλον οὔτ' ἀτωμένη.

ΑΝ.
ἤδη καλῶς, καί σ' ἐκτὸς αὐλείων πυλῶν
τοῦδ' οὕνεκ' ἐξέπεμπον, ὡς μόνη κλύοις.

ΙΣ.
τί δ' ἔστι; δηλοῖς γάρ τι καλχαίνουσ' ἔπος.

ΑΝ.
οὐ γὰρ τάφου νῷν τὼ κασιγνήτω Κρέων
τὸν μὲν προτίσας, τὸν δ' ἀτιμάσας ἔχει;
Ἐτεοκλέα μέν, ὡς λέγουσι, σὺν δίκης
χρήσει δικαίᾳ καὶ νόμῳ, κατὰ χθονὸς
ἔκρυψε τοῖς ἔνερθεν ἔντιμον νεκροῖς,
τὸν δ' ἀθλίως θανόντα Πολυνείκους νέκυν
ἀστοῖσί φασιν ἐκκεκηρῦχθαι τὸ μὴ
τάφῳ καλύψαι μηδὲ κωκῦσαί τινα,
ἐᾶν δ' ἄκλαυτον, ἄταφον, οἰωνοῖς γλυκὺν
θησαυρὸν εἰσορῶσι πρὸς χάριν βορᾶς.
τοιαῦτά φασι τὸν ἀγαθὸν Κρέοντα σοὶ
κἀμοί, λέγω γὰρ κἀμέ, κηρύξαντ' ἔχειν,
καὶ δεῦρο νεῖσθαι ταῦτα τοῖσι μὴ εἰδόσιν
σαφῆ προκηρύξοντα, καὶ τὸ πρᾶγμ' ἄγειν
οὐχ ὡς παρ' οὐδέν, ἀλλ' ὃς ἄν τούτων τι δρᾷ,
φόνον προκεῖσθαι δημόλευστον ἐν πόλει.
οὕτως ἔχει σοι ταῦτα, καὶ δείξεις τάχα
εἴτ' εὐγενὴς πέφυκας εἴτ' ἐσθλῶν κακή.

ΙΣ.
τί δ', ὦ ταλαῖφρον, εἰ τάδ' ἐν τούτοις, ἐγὼ
λύουσ' ἂν εἴθ' ἅπτουσα προσθείμην πλέον;

ΑΝ.
εἰ ξυμπονήσεις καὶ ξυνεργάσει σκόπει.

ΙΣ.
ποῖόν τι κινδύνευμα; ποῖ γνώμης ποτ' εἶ;

ΑΝ.
εἰ τὸν νεκρὸν ξὺν τῇδε κουφιεῖς χερί.

ΙΣ.
ἦ γὰρ νοεῖς θάπτειν σφ', ἀπόρρητον πόλει;

ΑΝ.
τὸν γοῦν ἐμόν, καὶ τὸν σόν, ἢν σὺ μὴ θέλῃς,
ἀδελφόν· οὐ γὰρ δὴ προδοῦσ' ἁλώσομαι.

ΙΣ.
ὦ σχετλία, Κρέοντος ἀντειρηκότος;

ΑΝ.
ἀλλ' οὐδὲν αὐτῷ τῶν ἐμῶν μ' εἴργειν μέτα.

ΙΣ.
οἴμοι· φρόνησον, ὦ κασιγνήτη, πατὴρ
ὡς νῷν ἀπεχθὴς δυσκλεής τ' ἀπώλετο
πρὸς αὐτοφώρων ἀμπλακημάτων, διπλᾶς
ὄψεις ἀράξας αὐτὸς αὐτουργῷ χερί·
ἔπειτα μήτηρ καὶ γυνή, διπλοῦν ἔπος,
πλεκταῖσιν ἀρτάναισι λωβᾶται βίον·
τρίτον δ' ἀδελφὼ δύο μίαν καθ' ἡμέραν
αὐτοκτονοῦντε τὼ ταλαιπώρω μόρον
κοινὸν κατειργάσαντ' ἐπαλλήλοιν χεροῖν.
νῦν δ' αὖ μόνα δὴ νὼ λελειμμένα σκόπει
ὅσῳ κάκιστ' ὀλούμεθ', εἰ νόμου βίᾳ
ψῆφον τυράννων ἢ κράτη παρέξιμεν.
ἀλλ' ἐννοεῖν χρὴ τοῦτο μὲν γυναῖχ' ὅτι
ἔφυμεν, ὡς πρὸς ἄνδρας οὐ μαχουμένα·
ἔπειτα δ' οὕνεκ' ἀρχόμεσθ' ἐκ κρεισσόνων,
καὶ ταῦτ' ἀκούειν κἄτι τῶνδ' ἀλγίονα.
ἐγὼ μὲν οὖν αἰτοῦσα τοὺς ὑπὸ χθονὸς
ξύγγνοιαν ἴσχειν, ὡς βιάζομαι τάδε,
τοῖς ἐν τέλει βεβῶσι πείσομαι· τὸ γὰρ
περισσὰ πράσσειν οὐκ ἔχει νοῦν οὐδένα.

ΑΝ.
οὔτ' ἂν κελεύσαιμ' οὔτ' ἄν, εἰ θέλοις ἔτι
πράσσειν, ἐμοῦ γ' ἂν ἡδέως δρῴης μέτα.
ἀλλ' ἴσθ' ὁποῖα σοι δοκεῖ, κεῖνον δ' ἐγὼ
θάψω· καλόν μοι τοῦτο ποιούσῃ θανεῖν.

φίλη μετ' αὐτοῦ κείσομαι, φίλου μέτα,
ὅσια πανουργήσασ'· ἐπεὶ πλείων χρόνος
75 ὃν δεῖ μ' ἀρέσκειν τοῖς κάτω τῶν ἐνθάδε.
ἐκεῖ γὰρ ἀεὶ κείσομαι· σοὶ δ', εἰ δοκεῖ,
τὰ τῶν θεῶν ἔντιμ' ἀτιμάσασ' ἔχε.

ΙΣ.
ἐγὼ μὲν οὐκ ἄτιμα ποιοῦμαι, τὸ δὲ
βίᾳ πολιτῶν δρᾶν ἔφυν ἀμήχανος.

ΑΝ.
80 σὺ μὲν τάδ' ἂν προὔχοι'· ἐγὼ δὲ δὴ τάφον
χώσουσ' ἀδελφῷ φιλτάτῳ πορεύσομαι.

ΙΣ.
οἴμοι ταλαίνης, ὡς ὑπερδέδοικά σου.

ΑΝ.
μή 'μου προτάρβει· τὸν σὸν ἐξόρθου πότμον.

ΙΣ.
ἀλλ' οὖν προμηνύσῃς γε τοῦτο μηδενὶ
85 τοὔργον, κρυφῇ δὲ κεῦθε, σὺν δ' αὔτως ἐγώ.

ΑΝ.
οἴμοι, καταύδα· πολλὸν ἐχθίων ἔσει
σιγῶσ' ἐὰν μὴ πᾶσι κηρύξῃς τάδε.

ΙΣ.
θερμὴν ἐπὶ ψυχροῖσι καρδίαν ἔχεις.

ΑΝ.
ἀλλ' οἶδ' ἀρέσκουσ' οἷς μάλισθ' ἁδεῖν με χρή.

ΙΣ.
εἰ καὶ δυνήσει γ'· ἀλλ' ἀμηχάνων ἐρᾷς.

ΑΝ.
οὐκοῦν, ὅταν δὴ μὴ σθένω, πεπαύσομαι.

ΙΣ.
ἀρχὴν δὲ θηρᾶν οὐ πρέπει τἀμήχανα.

ΑΝ.
εἰ ταῦτα λέξεις, ἐχθαρεῖ μὲν ἐξ ἐμοῦ,
ἐχθρὰ δὲ τῷ θανόντι προσκείσει δίκῃ.
ἀλλ' ἔα με καὶ τὴν ἐξ ἐμοῦ δυσβουλίαν
παθεῖν τὸ δεινὸν τοῦτο· πείσομαι γὰρ οὐ
τοσοῦτον οὐδὲν ὥστε μὴ οὐ καλῶς θανεῖν.

ΙΣ.
ἀλλ' εἰ δοκεῖ σοι, στεῖχε· τοῦτο δ' ἴσθ', ὅτι
ἄνους μὲν ἔρχει, τοῖς φίλοις δ' ὀρθῶς φίλη.

ΧΟΡΟΣ

(στρ. α') ἀκτὶς ἀελίου, τὸ κάλλιστον ἑπταπύλῳ φανὲν
102   Θήβᾳ τῶν προτέρων φάος,
       ἐφάνθης ποτ', ὦ χρυσέας ἁμέρας βλέφαρον,
105   Διρκαίων ὑπὲρ ῥεέθρων μολοῦσα,
       τὸν λεύκασπιν Ἀργόθεν ἐκβάντα φῶτα πανσαγίᾳ,
       φυγάδα πρόδρομον ὀξυτέρῳ κινήσασα χαλινῷ.

(σύστ. α') ὃν ἐφ' ἁμετέρᾳ γᾷ Πολυνείκης
111   ἀρθεὶς νεικέων ἐξ ἀμφιλόγων
       ... ὀξέα κλάζων
       αἰετὸς ἐς γᾶν ὣς ὑπερέπτα,
       λευκῆς χιόνος πτέρυγι στεγανός,
115   πολλῶν μεθ' ὅπλων
       ξύν θ' ἱπποκόμοις κορύθεσσι.

(ἀντ. α') στὰς δ' ὑπὲρ μελάθρων φονώσαισιν ἀμφιχανὼν κύκλῳ
       λόγχαις ἑπτάπυλον στόμα
120   ἔβα, πρίν ποθ' ἁμετέρων αἱμάτων γένυσιν
       πλησθῆναί τε καὶ στεφάνωμα πύργων
       πευκάενθ' Ἥφαιστον ἑλεῖν. τοῖος ἀμφὶ νῶτ' ἐτάθη
       πάταγος Ἄρεος ἀντιπάλῳ δυσχείρωμα δράκοντι.

(σύστ. β') Ζεὺς γὰρ μεγάλης γλώσσης κόμπους
       ὑπερεχθαίρει, καί σφας ἐσιδὼν
       πολλῷ ῥεύματι προσνισσομένους
130   χρυσοῦ καναχῆς ὑπεροπλίαις

παλτῷ ῥιπτεῖ πυρὶ, βαλβίδων
ἐπ' ἄκρων ἤδη
νίκην ὁρμῶντ' ἀλαλάξαι·

(στρ, β') ἀντιτύπᾳ δ' ἐπὶ γᾷ πέσε τανταλωθεὶς
135 πυρφόρος, ὃς τότε μαινομένᾳ ξὺν ὁρμᾷ
βακχεύων ἐπέπνει
ῥιπαῖς ἐχθίστων ἀνέμων.
εἶχε δ' ἄλλᾳ τὰ μὲν,
ἄλλα δ' ἐπ' ἄλλοις ἐπενώμα στυφελίζων μέγας "Αρης
140 δεξιόσειρος.

(σύστ. γ')ἑπτὰ λοχαγοὶ γὰρ ἐφ' ἑπτὰ πύλαις
ταχθέντες ἴσοι πρὸς ἴσους ἔλιπον
Ζηνὶ τροπαίῳ πάγχαλκα τέλη,
πλὴν τοῖν στυγεροῖν, ὢ πατρὸς ἑνὸς
145 μητρός τε μιᾶς φύντε καθ' αὑτοῖν
δικρατεῖς λόγχας στήσαντ' ἔχετον
κοινοῦ θανάτου μέρος ἄμφω.

(ἀντ. γ') ἀλλὰ γὰρ ἁ μεγαλώνυμος ἦλθε Νίκα
τᾷ πολυαρμάτῳ ἀντιχαρεῖσα Θήβᾳ,
150 ἐκ μὲν δὴ πολέμων
τῶν νῦν θέσθε λησμοσύναν,
θεῶν δὲ ναοὺς χοροῖς
παννυχίοις πάντας ἐπέλθωμεν, ὁ Θήβας δ' ἐλελίχθων
Βάκχιος ἄρχοι.

155   ἀλλ' ὅδε γὰρ δὴ βασιλεὺς χώρας,
    Κρέων ὁ Μενοικέως, ... νεοχμὸς
    νεαραῖσι θεῶν ἐπὶ συντυχίαις
    χωρεῖ, τίνα δὴ μῆτιν ἐρέσσων,
    ὅτι σύγκλητον τήνδε γερόντων
160 προὔθετο λέσχην,
    κοινῷ κηρύγματι πέμψας;

    ΚΡΕΩΝ
    ἄνδρες, τὰ μὲν δὴ πόλεος ἀσφαλῶς θεοὶ
    πολλῷ σάλῳ σείσαντες ὤρθωσαν πάλιν·
    ὑμᾶς δ' ἐγὼ πομποῖσιν ἐκ πάντων δίχα
165 ἔστειλ' ἱκέσθαι, τοῦτο μὲν τὰ Λαΐου
    σέβοντας εἰδὼς εὖ θρόνων ἀεὶ κράτη,
    τοῦτ' αὖθις, ἡνίκ' Οἰδίπους ὤρθου πόλιν,
    κἀπεὶ διώλετ', ἀμφὶ τοὺς κείνων ἔτι
    παῖδας μένοντας ἐμπέδοις φρονήμασιν.
170 ὅτ' οὖν ἐκεῖνοι πρὸς διπλῆς μοίρας μίαν
    καθ' ἡμέραν ὤλοντο παίσαντές τε καὶ
    πληγέντες αὐτόχειρι σὺν μιάσματι,
    ἐγὼ κράτη δὴ πάντα καὶ θρόνους ἔχω
    γένους κατ' ἀγχιστεῖα τῶν ὀλωλότων.
175   ἀμήχανον δὲ παντὸς ἀνδρὸς ἐκμαθεῖν
    ψυχήν τε καὶ φρόνημα καὶ γνώμην, πρὶν ἂν
    ἀρχαῖς τε καὶ νόμοισιν ἐντριβὴς φανῇ.
    ἐμοὶ γὰρ ὅστις πᾶσαν εὐθύνων πόλιν
    μὴ τῶν ἀρίστων ἅπτεται βουλευμάτων,

180 ἀλλ' ἐκ φόβου του γλῶσσαν ἐγκλῄσας ἔχει,
κάκιστος εἶναι νῦν τε καὶ πάλαι δοκεῖ·
καὶ μείζον' ὅστις ἀντὶ τῆς αὑτοῦ πάτρας
φίλον νομίζει, τοῦτον οὐδαμοῦ λέγω.
ἐγὼ γάρ, ἴστω Ζεὺς ὁ πάνθ' ὁρῶν ἀεί,
185 οὔτ' ἂν σιωπήσαιμι τὴν ἄτην ὁρῶν
στείχουσαν ἀστοῖς ἀντὶ τῆς σωτηρίας,
οὔτ' ἂν φίλον ποτ' ἄνδρα δυσμενῆ χθονὸς
θείμην ἐμαυτῷ, τοῦτο γιγνώσκων ὅτι
ἥδ' ἐστὶν ἡ σῴζουσα καὶ ταύτης ἔπι
190 πλέοντες ὀρθῆς τοὺς φίλους ποιούμεθα.
τοιοῖσδ' ἐγὼ νόμοισι τήνδ' αὔξω πόλιν,
καὶ νῦν ἀδελφὰ τῶνδε κηρύξας ἔχω
ἀστοῖσι παίδων τῶν ἀπ' Οἰδίπου πέρι·
Ἐτεοκλέα μέν, ὃς πόλεως ὑπερμαχῶν
195 ὄλωλε τῆσδε, πάντ' ἀριστεύσας δορί,
τάφῳ τε κρύψαι καὶ τὰ πάντ' ἐφαγνίσαι
ἃ τοῖς ἀρίστοις ἔρχεται κάτω νεκροῖς·
τὸν δ' αὖ ξύναιμον τοῦδε, Πολυνείκη λέγω,
ὃς γῆν πατρῴαν καὶ θεοὺς τοὺς ἐγγενεῖς
200 φυγὰς κατελθὼν ἠθέλησε μὲν πυρὶ
πρῆσαι κατ' ἄκρας, ἠθέλησε δ' αἵματος
κοινοῦ πάσασθαι, τοὺς δὲ δουλώσας ἄγειν,
τοῦτον πόλει τῇδ' ἐκκεκήρυκται τάφῳ
μήτε κτερίζειν μήτε κωκῦσαί τινα,
205 ἐᾶν δ' ἄθαπτον καὶ πρὸς οἰωνῶν δέμας
καὶ πρὸς κυνῶν ἐδεστὸν αἰκισθέν τ' ἰδεῖν.

τοιόνδ' ἐμὸν φρόνημα, κοὔποτ' ἔκ γ' ἐμοῦ
τιμὴν προέξουσ' οἱ κακοὶ τῶν ἐνδίκων.
ἀλλ' ὅστις εὔνους τῇδε τῇ πόλει, θανὼν
καὶ ζῶν ὁμοίως ἐξ ἐμοῦ τιμήσεται.

ΧΟ.
σοὶ ταῦτ' ἀρέσκει, παῖ Μενοικέως Κρέον,
τὸν τῇδε δύσνουν κἀς τὸν εὐμενῆ πόλει·
νόμῳ δὲ χρῆσθαι παντί πού γ' ἔνεστί σοι
καὶ τῶν θανόντων χὠπόσοι ζῶμν πέρι.

ΚΡ.
ὡς ἂν σκοποὶ νῦν ἦτε τῶν εἰρημένων.

ΧΟ.
νεωτέρῳ τῳ τοῦτο βαστάζειν πρόθες.

ΚΡ.
ἀλλ' εἴσ' ἕτοιμοι τοῦ νεκροῦ γ' ἐπίσκοποι.

ΧΟ.
τί δῆτ' ἂν ἄλλο τοῦτ' ἐπεντέλλοις ἔτι;

ΚΡ.
τὸ μὴ 'πιχωρεῖν τοῖς ἀπιστοῦσιν τάδε.

ΧΟ.
οὐκ ἔστιν οὕτω μῶρος ὃς θανεῖν ἐρᾷ.

ΚΡ.
καὶ μὴν ὁ μισθός γ' οὗτος· ἀλλ' ὑπ' ἐλπίδων
ἄνδρας τὸ κέρδος πολλάκις διώλεσεν.

ΦΥΛΑΞ
ἄναξ, ἐρῶ μὲν οὐχ ὅπως τάχους ὕπο
δύσπνους ἱκάνω κοῦφον ἐξάρας πόδα·
πολλὰς γὰρ ἔσχον φροντίδων ἐπιστάσεις,
ὁδοῖς κυκλῶν ἐμαυτὸν εἰς ἀναστροφήν·
ψυχὴ γὰρ ηὔδα πολλά μοι μυθουμένη·
τάλας, τί χωρεῖς οἷ μολὼν δώσεις δίκην;
τλῆμων, μένεις αὖ; κεἰ τάδ' εἴσεται Κρέων
ἄλλου παρ' ἀνδρός, πῶς σὺ δῆτ' οὐκ ἀλγυνεῖ;
τοιαῦθ' ἑλίσσων ἤνυτον σχολῇ βραδύς,
χοὕτως ὁδὸς βραχεῖα γίγνεται μακρά.
τέλος γε μέντοι δεῦρ' ἐνίκησεν μολεῖν
σοί, κεἰ τὸ μηδὲν ἐξερῶ, φράσω δ' ὅμως.
τῆς ἐλπίδος γὰρ ἔρχομαι δεδραγμένος,
τὸ μὴ παθεῖν ἂν ἄλλο πλὴν τὸ μόρσιμον.

ΚΡ.
τί δ' ἐστὶν ἀνθ' οὗ τήνδ' ἔχεις ἀθυμίαν;

ΦΥ.
φράσαι θέλω σοι πρῶτα τἀμαυτοῦ· τὸ γὰρ
πρᾶγμ' οὔτ' ἔδρασ' οὔτ' εἶδον ὅστις ἦν ὁ δρῶν,
οὐδ' ἂν δικαίως ἐς κακὸν πέσοιμί τι.

ΚΡ.
εὖ γε στοχάζει κἀποφράγνυσαι κύκλῳ
τὸ πρᾶγμα· δηλοῖς δ' ὥς τι σημανῶν νέον.

ΦΥ.
τὰ δεινὰ γάρ τοι προστίθησ' ὄκνον πολύν.

ΚΡ.
οὔκουν ἐρεῖς ποτ', εἶτ' ἀπαλλαχθεὶς ἄπει;

ΦΥ.
καὶ δὴ λέγω σοι. τὸν νεκρόν τις ἀρτίως
θάψας βέβηκε κἀπὶ χρωτὶ διψίαν
κόνιν παλύνας κἀφαγιστεύσας ἃ χρή.

ΚΡ.
τί φής; τίς ἀνδρῶν ἦν ὁ τολμήσας τάδε;

ΦΥ.
οὐκ οἶδ'· ἐκεῖ γὰρ οὔτε του γενῇδος ἦν
πλῆγμ', οὐ δικέλλης ἐκβολή· στύφλος δὲ γῆ
καὶ χέρσος, ἀρρὼξ οὐδ' ἐπημαξευμένη

τροχοῖσιν, ἀλλ' ἄσημος οὑργάτης τις ἦν.
ὅπως δ' ὁ πρῶτος ἡμὶν ἡμεροσκόπος
δείκνυσι, πᾶσι θαῦμα δυσχερὲς παρῆν.
255 ὁ μὲν γὰρ ἠφάνιστο, τυμβήρης μὲν οὔ,
λεπτὴ δ', ἄγος φεύγοντος ὥς, ἐπῆν κόνις.
σημεῖα δ' οὔτε θηρὸς οὔτε του κυνῶν
ἐλθόντος, οὐ σπάσαντος ἐξεφαίνετο.
λόγοι δ' ἐν ἀλλήλοισιν ἐρρόθουν κακοί,
260 φύλαξ ἐλέγχων φύλακα, κἂν ἐγίγνετο
πληγὴ τελευτῶσ', οὐδ' ὁ κωλύσων παρῆν,
εἷς γάρ τις ἦν ἕκαστος οὑξειργασμένος,
κοὐδεὶς ἐναργής, ἀλλ' ἔφευγε μὴ εἰδέναι.
ἦμεν δ' ἕτοιμοι καὶ μύδρους αἴρειν χεροῖν,
265 καὶ πῦρ διέρπειν, καὶ θεοὺς ὁρκωμοτεῖν
τὸ μήτε δρᾶσαι μήτε τῳ ξυνειδέναι
τὸ πρᾶγμα βουλεύσαντι μήτ' εἰργασμένῳ.
τέλος δ' ὅτ' οὐδὲν ἦν ἐρευνῶσιν πλέον,
λέγει τις εἷς, ὃς πάντας ἐς πέδον κάρα
270 νεῦσαι φόβῳ προὔτρεψεν· οὐ γὰρ εἴχομεν
οὔτ' ἀντιφωνεῖν οὔθ' ὅπως δρῶντες καλῶς
πράξαιμεν. ἦν δ' ὁ μῦθος ὡς ἀνοιστέον
σοὶ τοὔργον εἴη τοῦτο κοὐχὶ κρυπτέον.
καὶ ταῦτ' ἐνίκα, κἀμὲ τὸν δυσδαίμονα
275 πάλος καθαιρεῖ τοῦτο τἀγαθὸν λαβεῖν.
πάρειμι δ' ἄκων οὐχ ἑκοῦσιν, οἶδ' ὅτι·
στέργει γὰρ οὐδεὶς ἄγγελον κακῶν ἐπῶν.

ΧΟ.
ἄναξ, ἐμοί τοι μή τι καὶ θεήλατον
τοὔργον τόδ', ἡ ξύννοια βουλεύει πάλαι.

ΚΡ.
280 παῦσαι, πρὶν ὀργῆς κἀμὲ μεστῶσαι λέγων,
μὴ 'φευρεθῇς ἄνους τε καὶ γέρων ἅμα.
λέγεις γὰρ οὐκ ἀνεκτά, δαίμονας λέγων
πρόνοιαν ἴσχειν τοῦδε τοῦ νεκροῦ πέρι.
πότερον ὑπερτιμῶντες ὡς εὐεργέτην
285 ἔκρυπτον αὐτόν, ὅστις ἀμφικίονας
ναοὺς πυρώσων ἦλθε κἀναθήματα
καὶ γῆν ἐκείνων καὶ νόμους διασκεδῶν;
ἢ τοὺς κακοὺς τιμῶντας εἰσορᾷς θεούς;
οὐκ ἔστιν. ἀλλὰ ταῦτα καὶ πάλαι πόλεως
290 ἄνδρες μόλις φέροντες ἐρρόθουν ἐμοί,
κρυφῇ κάρα σείοντες, οὐδ' ὑπὸ ζυγῷ
λόφον δικαίως εἶχον, ὡς στέργειν ἐμέ.
ἐκ τῶνδε τούτους ἐξεπίσταμαι καλῶς
παρηγμένους μισθοῖσιν εἰργάσθαι τάδε.
295 οὐδὲν γὰρ ἀνθρώποισιν οἷον ἄργυρος
κακὸν νόμισμ' ἔβλαστε. τοῦτο καὶ πόλεις
πορθεῖ, τόδ' ἄνδρας ἐξανίστησιν δόμων·
τόδ' ἐκδιδάσκει καὶ παραλλάσσει φρένας
χρηστὰς πρὸς αἰσχρὰ πράγμαθ' ἵστασθαι βροτῶν·
300 πανουργίας δ' ἔδειξεν ἀνθρώποις ἔχειν
καὶ παντὸς ἔργου δυσσέβειαν εἰδέναι.

ὅσοι δὲ μισθαρνοῦντες ἤνυσαν τάδε,
χρόνῳ ποτ' ἐξέπραξαν ὡς δοῦναι δίκην.
ἀλλ' εἴπερ ἴσχει Ζεὺς ἔτ' ἐξ ἐμοῦ σέβας,
εὖ τοῦτ' ἐπίστασ', ὅρκιος δέ σοι λέγω,
εἰ μὴ τὸν αὐτόχειρα τοῦδε τοῦ τάφου
εὑρόντες ἐκφανεῖτ' ἐς ὀφθαλμοὺς ἐμούς,
οὐχ ὑμὶν Ἅιδης μοῦνος ἀρκέσει, πρὶν ἂν
ζῶντες κρεμαστοὶ τήνδε δηλώσηθ' ὕβριν,
ἵν' εἰδότες τὸ κέρδος ἔνθεν οἰστέον
τὸ λοιπὸν ἁρπάζητε, καὶ μάθηθ' ὅτι
οὐκ ἐξ ἅπαντος δεῖ τὸ κερδαίνειν φιλεῖν.
ἐκ τῶν γὰρ αἰσχρῶν λημμάτων τοὺς πλείονας
ἀτωμένους ἴδοις ἂν ἢ σεσωσμένους.

ΦΥ.
εἰπεῖν τι δώσεις, ἢ στραφεὶς οὕτως ἴω;

ΚΡ.
οὐκ οἶσθα καὶ νῦν ὡς ἀνιαρῶς λέγεις;

ΦΥ.
ἐν τοῖσιν ὠσὶν ἢ 'πὶ τῇ ψυχῇ δάκνει;

ΚΡ.
τί δὲ ῥυθμίζεις τὴν ἐμὴν λύπην ὅπου;

ΦΥ.
ὁ δρῶν σ' ἀνιᾷ τὰς φρένας, τὰ δ' ὦτ' ἐγώ.

ΚΡ.
οἴμ' ὡς λάλημα δῆλον ἐκπεφυκὸς εἶ.

ΦΥ.
οὔκουν τό γ' ἔργον τοῦτο ποιήσας ποτέ.

ΚΡ.
καὶ ταῦτ' ἐπ' ἀργύρῳ γε τὴν ψυχὴν προδούς.

ΦΥ.
φεῦ·
ἦ δεινὸν ᾧ δοκεῖ γε καὶ ψευδῆ δοκεῖν.

ΚΡ.
κόμψευέ νυν τὴν δόξαν· εἰ δὲ ταῦτα μὴ
φανεῖτέ μοι τοὺς δρῶντας, ἐξερεῖθ' ὅτι
τὰ δειλὰ κέρδη πημονὰς ἐργάζεται.

ΦΥ.
ἀλλ' εὑρεθείη μὲν μάλιστ', ἐὰν δέ τοι
ληφθῇ τε καὶ μή, τοῦτο γὰρ τύχη κρινεῖ,
οὐκ ἔσθ' ὅπως ὄψει σὺ δεῦρ' ἐλθόντα με.
καὶ νῦν γὰρ ἐκτὸς ἐλπίδος γνώμης τ' ἐμῆς
σωθεὶς ὀφείλω τοῖς θεοῖς πολλὴν χάριν.

ΧΟ.
(στρ. α′) πολλὰ τὰ δεινὰ κοὐδὲν ἀνθρώπου δεινότερον πέλει.
335 τοῦτο καὶ πολιοῦ πέραν πόντου χειμερίῳ νότῳ
χωρεῖ, περιβρυχίοισιν
περῶν ὑπ' οἴδμασιν,
θεῶν τε τὰν ὑπερτάταν, Γᾶν
ἄφθιτον, ἀκαμάταν ἀποτρύεται,
340 ἰλλομένων ἀρότρων ἔτος εἰς ἔτος, ἱππείῳ γένει πολεύων.

(ἀντ. α′) κουφονόων τε φῦλον ὀρνίθων ἀμφιβαλὼν ἄγει
345 καὶ θηρῶν ἀγρίων ἔθνη, πόντου τ' εἰναλίαν φύσιν
σπείραισι δικτυοκλώστοις,
περιφραδὴς ἀνήρ·
κρατεῖ δὲ μηχαναῖς ἀγραύλου
350 θηρὸς ὀρεσσιβάτα, λασιαύχενά θ'
ἵππον ὑπάξεται ἀμφίλοφον ζυγὸν οὔρειόν τ' ἀκμῆτα ταῦρον.

(στρ. β′) καὶ φθέγμα καὶ ἀνεμόεν φρόνημα καὶ ἀστυνόμους
357 ὀργὰς ἐδιδάξατο καὶ δυσαύλων
πάγων ὑπαίθρεια καὶ
δύσομβρα φεύγειν βέλη·
360 παντοπόρος· ἄπορος ἐπ' οὐδὲν ἔρχεται
τὸ μέλλον· Ἅιδα μόνον
φεῦξιν οὐκ ἐπάξεται·
νόσων δ' ἀμηχάνων φυγὰς ξυμπέφρασται.

(ἀντ. β') σοφόν τι τὸ μηχανόεν τέχνας ὑπὲρ ἐλπίδ' ἔχων
367   τοτὲ μὲν κακόν, ἄλλοτ' ἐπ' ἐσθλὸν ἕρπει.
       νόμους παρείρων χθονὸς
       θεῶν τ' ἔνορκον δίκαν,
370   ὑψίπολις· ἄπολις ὅτῳ τὸ μὴ καλὸν
       ξύνεστι τόλμας χάριν.
       μήτ' ἐμοὶ παρέστιος
375   γένοιτο μήτ' ἴσον φρονῶν ὃς τάδ' ἔρδει.
       ἐς δαιμόνιον τέρας ἀμφινοῶ
       τόδε· πῶς εἰδὼς ἀντιλογήσω
       τήνδ' οὐκ εἶναι παῖδ' Ἀντιγόνην;
       ὦ δύστηνος
380   καὶ δυστήνου πατρὸς Οἰδιπόδα,
       τί ποτ'; οὐ δή που σέ γ' ἀπιστοῦσαν
       τοῖς βασιλείοισιν ἄγουσι νόμοις
       καὶ ἐν ἀφροσύνῃ καθελόντες;

ΦΥ.
       ἥδ' ἔστ' ἐκείνη τοὔργον ἡ 'ξειργασμένη·
385   τήνδ' εἵλομεν θάπτουσαν.   ἀλλὰ ποῦ Κρέων;

ΧΟ.
       ὅδ' ἐκ δόμων ἄψορρος ἐς δέον περᾷ.

ΚΡ.
       τί δ' ἔστι; ποίᾳ ξύμμετρος προὔβην τύχῃ;

ΦΥ.
ἄναξ, βροτοῖσιν οὐδέν ἐστ' ἀπώμοτον.
ψεύδει γὰρ ἡ 'πίνοια τὴν γνώμην· ἐπεὶ
σχολῇ γ' ἂν ἥξειν δεῦρ' ἂν ἐξηύχουν ἐγὼ
ταῖς σαῖς ἀπειλαῖς, αἷς ἐχειμάσθην τότε.
ἀλλ' ἡ γὰρ ἐκτὸς καὶ παρ' ἐλπίδας χαρὰ
ἔοικεν ἄλλῃ μῆκος οὐδὲν ἡδονῇ,
ἥκω, δι' ὅρκων καίπερ ὢν ἀπώμοτος,
κόρην ἄγων τήνδ', ἣ καθῃρέθη τάφον
κοσμοῦσα. κλῆρος ἐνθάδ' οὐκ ἐπάλλετο,
ἀλλ' ἔστ' ἐμὸν θοὔρμαιον, οὐκ ἄλλου, τόδε.
καὶ νῦν, ἄναξ, τήνδ' αὐτός, ὡς θέλεις, λαβὼν
καὶ κρῖνε κἀξέλεγχ'· ἐγὼ δ' ἐλεύθερος
δίκαιός εἰμι τῶνδ' ἀπηλλάχθαι κακῶν.

ΚΡ.
ἄγεις δὲ τήνδε τῷ τρόπῳ πόθεν λαβών;

ΦΥ.
αὕτη τὸν ἄνδρ' ἔθαπτε· πάντ' ἐπίστασαι.

ΚΡ.
ἦ καὶ ξυνίης καὶ λέγεις ὀρθῶς ἃ φῄς;

ΦΥ.
ταύτην γ' ἰδὼν θάπτουσαν ὃν σὺ τὸν νεκρὸν
ἀπεῖπας. ἆρ' ἔνδηλα καὶ σαφῆ λέγω;

ΚΡ.
καὶ πῶς ὁρᾶται κἀπίληπτος ᾑρέθη;

ΦΥ.
τοιοῦτον ἦν τὸ πρᾶγμ'. ὅπως γὰρ ἥκομεν,
πρὸς σοῦ τὰ δείν' ἐκεῖν' ἐπηπειλημένοι,
πᾶσαν κόνιν σήραντες ἣ κατεῖχε τὸν
410   νέκυν, μυδῶν τε σῶμα γυμνώσαντες εὖ,
καθήμεθ' ἄκρων ἐκ πάγων ὑπήνεμοι,
ὀσμὴν ἀπ' αὐτοῦ μὴ βάλοι πεφευγότες,
ἐγερτὶ κινῶν ἄνδρ' ἀνὴρ ἐπιρρόθοις
κακοῖσιν, εἴ τις τοῦδ' ἀφειδήσοι πόνου.
415   χρόνον τάδ' ἦν τοσοῦτον, ἔς τ' ἐν αἰθέρι
μέσῳ κατέστη λαμπρὸς ἡλίου κύκλος
καὶ καῦμ' ἔθαλπε· καὶ τότ' ἐξαίφνης χθονὸς
τυφὼς ἀείρας σκηπτόν, οὐράνιον ἄχος,
πίμπλησι πεδίον, πᾶσαν αἰκίζων φόβην
420   ὕλης πεδιάδος, ἐν δ' ἐμεστώθη μέγας
αἰθήρ, μύσαντες δ' εἴχομεν θείαν νόσον.
καὶ τοῦδ' ἀπαλλαγέντος ἐν χρόνῳ μακρῷ,
ἡ παῖς ὁρᾶται κἀνακωκύει πικρᾶς
ὄρνιθος ὀξὺν φθόγγον, ὡς ὅταν κενῆς
425   εὐνῆς νεοσσῶν ὀρφανὸν βλέψῃ λέχος·
οὕτω δὲ χαὔτη, ψιλὸν ὡς ὁρᾷ νέκυν,
γόοισιν ἐξῴμωξεν, ἐκ δ' ἀρὰς κακὰς
ἠρᾶτο τοῖσι τοὔργον ἐξειργασμένοις.
καὶ χερσὶν εὐθὺς διψίαν φέρει κόνιν,

430 ἔκ τ' εὐκροτήτου χαλκέας ἄρδην πρόχου
χοαῖσι τρισπόνδοισι τὸν νέκυν στέφει.
χἠμεῖς ἰδόντες ἱέμεσθα, σὺν δέ νιν
θηρώμεθ' εὐθύς οὐδὲν ἐκπεπληγμένην,
καὶ τάς τε πρόσθεν τάς τε νῦν ἠλέγχομεν
435 πράξεις. ἄπαρνος δ' οὐδενὸς καθίστατο,
ἅμ' ἡδέως ἔμοιγε κἀλγεινῶς ἅμα.
τὸ μὲν γὰρ αὐτὸν ἐκ κακῶν πεφευγέναι
ἥδιστον, ἐς κακὸν δὲ τοὺς φίλους ἄγειν
ἀλγεινόν. ἀλλὰ πάντα ταῦθ' ἥσσω λαβεῖν
440 ἐμοὶ πέφυκε τῆς ἐμῆς σωτηρίας.

ΚΡ.
σὲ δή, σὲ τὴν νεύουσαν ἐς πέδον κάρα,
φῄς, ἢ καταρνεῖ μὴ δεδρακέναι τάδε;

ΑΝ.
καὶ φημὶ δρᾶσαι κοὐκ ἀπαρνοῦμαι τὸ μή.

ΚΡ.
σὺ μὲν κομίζοις ἂν σεαυτὸν ᾗ θέλεις
445 ἔξω βαρείας αἰτίας ἐλεύθερον·
σὺ δ' εἰπέ μοι μὴ μῆκος, ἀλλὰ σύντομα·
ᾔδησθα κηρυχθέντα μὴ πράσσειν τάδε;

ΑΝ.
ᾔδη· τί δ' οὐκ ἔμελλον; ἐμφανῆ γὰρ ἦν.

ΚΡ.
καὶ δῆτ' ἐτόλμας τούσδ' ὑπερβαίνειν νόμους;

ΑΝ.
οὐ γάρ τί μοι Ζεὺς ἦν ὁ κηρύξας τάδε
οὐδ' ἡ ξύνοικος τῶν κάτω θεῶν Δίκη,
τοιούσδ' ἐν ἀνθρώποισιν ὥρισεν νόμους·
οὐδὲ σθένειν τοσοῦτον ᾠόμην τὰ σὰ
κηρύγμαθ' ὥστ' ἄγραπτα κἀσφαλῆ θεῶν
νόμιμα δύνασθαι θνητὸν ὄνθ' ὑπερδραμεῖν.
οὐ γάρ τι νῦν γε κἀχθές, ἀλλ' ἀεί ποτε
ζῇ ταῦτα, κοὐδεὶς οἶδεν ἐξ ὅτου 'φάνη.
τούτων ἐγὼ οὐκ ἔμελλον, ἀνδρὸς οὐδενὸς
φρόνημα δείσασ', ἐν θεοῖσι τὴν δίκην
δώσειν· θανουμένη γὰρ ἐξῄδη, τί δ' οὔ;
κεἰ μὴ σὺ προὐκήρυξας. εἰ δὲ τοῦ χρόνου
πρόσθεν θανοῦμαι, κέρδος αὔτ' ἐγὼ λέγω.
ὅστις γὰρ ἐν πολλοῖσιν ὡς ἐγὼ κακοῖς
ζῇ, πῶς ὅδ' οὐχὶ κατθανὼν κέρδος φέρει;
οὕτως ἔμοιγε τοῦδε τοῦ μόρου τυχεῖν
παρ' οὐδὲν ἄλγος· ἀλλ' ἄν, εἰ τὸν ἐξ ἐμῆς
μητρὸς θανόντ' ἄθαπτον ἠνσχόμην νέκυν,
κείνοις ἂν ἤλγουν· τοῖσδε δ' οὐκ ἀλγύνομαι.
σοὶ δ' εἰ δοκῶ νῦν μῶρα δρῶσα τυγχάνειν,
σχεδόν τι μώρῳ μωρίαν ὀφλισκάνω.

ΧΟ.
δηλοῖ τὸ γέννημ' ὠμὸν ἐξ ὠμοῦ πατρὸς
τῆς παιδός· εἴκειν δ' οὐκ ἐπίσταται κακοῖς.

ΚΡ.
ἀλλ' ἴσθι τοι τὰ σκλήρ' ἄγαν φρονήματα
πίπτειν μάλιστα, καὶ τὸν ἐγκρατέστατον
475 σίδηρον ὀπτὸν ἐκ πυρὸς περισκελῆ
θραυσθέντα καὶ ῥαγέντα πλεῖστ' ἂν εἰσίδοις.
σμικρῷ χαλινῷ δ' οἶδα τοὺς θυμουμένους
ἵππους καταρτυθέντας. οὐ γὰρ ἐκπέλει
φρονεῖν μέγ' ὅστις δοῦλός ἐστι τῶν πέλας.
480 αὕτη δ' ὑβρίζειν μὲν τότ' ἐξηπίστατο,
νόμους ὑπερβαίνουσα τοὺς προκειμένους·
ὕβρις δ', ἐπεὶ δέδρακεν, ἥδε δευτέρα,
τούτοις ἐπαυχεῖν καὶ δεδρακυῖαν γελᾶν.
ἦ νῦν ἐγὼ μὲν οὐκ ἀνήρ, αὕτη δ' ἀνήρ,
485 εἰ ταῦτ' ἀνατὶ τῇδε κείσεται κράτη.
ἀλλ' εἴτ' ἀδελφῆς εἴθ' ὁμαιμονεστέρα
τοῦ παντὸς ἡμῖν Ζηνὸς ἑρκείου κυρεῖ,
αὐτή τε χἠ ξύναιμος οὐκ ἀλύξετον
μόρου κακίστου· καὶ γὰρ οὖν κείνην ἴσον
490 ἐπαιτιῶμαι τοῦδε βουλεῦσαι τάφου.
καί νιν καλεῖτ'· ἔσω γὰρ εἶδον ἀρτίως
λυσσῶσαν αὐτὴν οὐδ' ἐπήβολον φρενῶν.
φιλεῖ δ' ὁ θυμὸς πρόσθεν ᾑρῆσθαι κλοπεὺς
τῶν μηδὲν ὀρθῶς ἐν σκότῳ τεχνωμένων.

495   μισῶ γε μέντοι χὥταν ἐν κακοῖσί τις
       ἁλοὺς ἔπειτα τοῦτο καλλύνειν θέλῃ.

ΑΝ.
θέλεις τι μεῖζον ἢ κατακτεῖναί μ' ἑλών;

ΚΡ.
ἐγὼ μὲν οὐδέν· τοῦτ' ἔχων ἅπαντ' ἔχω.

ΑΝ.
       τί δῆτα μέλλεις; ὡς ἐμοὶ τῶν σῶν λόγων
500   ἀρεστὸν οὐδέν, μηδ' ἀρεσθείη ποτέ,
       οὕτω δὲ καὶ σοὶ τἄμ' ἀφανδάνοντ' ἔφυ.
       καίτοι πόθεν κλέος γ' ἂν εὐκλεέστερον
       κατέσχον ἢ τὸν αὐτάδελφον ἐν τάφῳ
       τιθεῖσα; τούτοις τοῦτο πᾶσιν ἀνδάνειν
505   λέγοιτ' ἄν, εἰ μὴ γλῶσσαν ἐγκλῄσοι φόβος.
       ἀλλ' ἡ τυραννὶς πολλά τ' ἄλλ' εὐδαιμονεῖ
       κἄξεστιν αὐτῇ δρᾶν λέγειν θ' ἃ βούλεται.

ΚΡ.
σὺ τοῦτο μούνη τῶνδε Καδμείων ὁρᾷς.

ΑΝ.
ὁρῶσι χοὗτοι· σοὶ δ' ὑπίλλουσι στόμα.

ΚΡ.
σὺ δ' οὐκ ἐπαιδεῖ, τῶνδε χωρὶς εἰ φρονεῖς;

ΑΝ.
οὐδὲν γὰρ αἰσχρὸν τοὺς ὁμοσπλάγχνους σέβειν.

ΚΡ.
οὔκουν ὅμαιμος χὠ καταντίον θανών;

ΑΝ.
ὅμαιμος ἐκ μιᾶς τε καὶ ταὐτοῦ πατρός.

ΚΡ.
πῶς δῆτ' ἐκείνῳ δυσσεβῆ τιμᾷς χάριν;

ΑΝ.
οὐ μαρτυρήσει ταῦθ' ὁ κατθανὼν νέκυς.

ΚΡ.
εἴ τοί σφε τιμᾷς ἐξ ἴσου τῷ δυσσεβεῖ.

ΑΝ.
οὐ γάρ τι δοῦλος, ἀλλ' ἀδελφὸς ὤλετο.

ΚΡ.
πορθῶν δὲ τήνδε γῆν. ὁ δ' ἀντιστὰς ὕπερ.

ΑΝ.
ὅμως ὅ γ' Ἅιδης τοὺς νόμους τούτους ποθεῖ.

ΚΡ.
520   ἀλλ' οὐχ ὁ χρηστὸς τῷ κακῷ λαχεῖν ἴσος.

ΑΝ.
τίς οἶδεν εἰ κάτω 'στὶν εὐαγῆ τάδε;

ΚΡ.
οὔτοι ποθ' οὑχθρός, οὐδ' ὅταν θάνῃ, φίλος.

ΑΝ.
οὔτοι συνέχθειν, ἀλλὰ συμφιλεῖν ἔφυν.

ΚΡ.
κάτω νῦν ἐλθοῦσ', εἰ φιλητέον, φίλει
525   κείνους· ἐμοῦ δὲ ζῶντος οὐκ ἄρξει γυνή.

ΧΟ.
καὶ μὴν πρὸ πυλῶν ἥδ' Ἰσμήνη,
φιλάδελφα κάτω δάκρυ' εἰβομένη·
νεφέλη δ' ὀφρύων ὕπερ αἱματόεν
ῥέθος αἰσχύνει,
530   τέγγουσ' εὐῶπα παρειάν.

ΚΡ.
σὺ δ', ἣ κατ' οἴκους ὡς ἔχιδν' ὑφειμένη
λήθουσά μ' ἐξέπινες, οὐδ' ἐμάνθανον
τρέφων δύ' ἄτα κἀπαναστάσεις θρόνων,
φέρ', εἰπὲ δή μοι, καὶ σὺ τοῦδε τοῦ τάφου
φήσεις μετασχεῖν, ἢ 'ξομεῖ τὸ μὴ εἰδέναι;

ΙΣ.
δέδρακα τοὔργον, εἴπερ ἥδ' ὁμορροθεῖ,
καὶ ξυμμετίσχω καὶ φέρω τῆς αἰτίας.

ΑΝ.
ἀλλ' οὐκ ἐάσει τοῦτό γ' ἡ δίκη σ', ἐπεὶ
οὔτ' ἠθέλησας οὔτ' ἐγὼ 'κοινωσάμην.

ΙΣ.
ἀλλ' ἐν κακοῖς τοῖς σοῖσιν οὐκ αἰσχύνομαι
ξύμπλουν ἐμαυτὴν τοῦ πάθους ποιουμένη.

ΑΝ.
ὧν τοὔργον Ἅιδης χοἰ κάτω ξυνίστορες·
λόγοις δ' ἐγὼ φιλοῦσαν οὐ στέργω φίλην.

ΙΣ.
μήτοι, κασιγνήτη, μ' ἀτιμάσῃς τὸ μὴ οὐ
θανεῖν τε σὺν σοὶ τὸν θανόντα θ' ἁγνίσαι.

ΑΝ.
μή μοι θάνης σὺ κοινά, μηδ' ἃ μὴ 'θιγες
ποιοῦ σεαυτῆς. ἀρκέσω θνήσκουσ' ἐγώ.

ΙΣ.
καὶ τίς βίος μοι σοῦ λελειμμένη φίλος;

ΑΝ.
Κρέοντ' ἐρώτα· τοῦδε γὰρ σὺ κηδεμών.

ΙΣ.
550 τί ταῦτ' ἀνιᾷς μ' οὐδὲν ὠφελουμένη;

ΑΝ.
ἀλγοῦσα μὲν δῆτ, εἰ γελῶ γ', ἐν σοὶ γελῶ.

ΙΣ.
τί δῆτ' ἂν ἀλλὰ νῦν σ' ἔτ' ὠφελοῖμ' ἐγώ;

ΑΝ.
σῶσον σεαυτήν. οὐ φθονῶ σ' ὑπεκφυγεῖν·

ΙΣ.
οἴμοι τάλαινα, κἀμπλάκω τοῦ σοῦ μόρου;

ΑΝ.
555 σὺ μὲν γὰρ εἵλου ζῆν, ἐγὼ δὲ κατθανεῖν.

ΙΣ.
ἀλλ' οὐκ ἐπ' ἀρρήτοις γε τοῖς ἐμοῖς λόγοις·

ΑΝ.
καλῶς σὺ μὲν τοῖς, τοῖς δ' ἐγὼ 'δόκουν φρονεῖν·

ΙΣ.
καὶ μὴν ἴση νῷν ἐστιν ἡ 'ξαμαρτία.

ΑΝ.
θάρσει. σὺ μὲν ζῇς, ἡ δ' ἐμὴ ψυχὴ πάλαι
560   τέθνηκεν, ὥστε τοῖς θανοῦσιν ὠφελεῖν.

ΚΡ.
τὼ παῖδε φημὶ τώδε τὴν μὲν ἀρτίως
ἄνουν πεφάνθαι, τὴν δ' ἀφ' οὗ τὰ πρῶτ' ἔφυ.

ΙΣ.
οὐ γάρ ποτ', ὦναξ, οὐδ' ὃς ἂν βλάστῃ μένει
νοῦς τοῖς κακῶς πράσσουσιν, ἀλλ' ἐξίσταται.

ΚΡ.
565   σοὶ γοῦν, ὅθ' εἵλου σὺν κακοῖς πράσσειν κακά.

ΙΣ.
τί γὰρ μόνῃ μοι τῆσδ' ἄτερ βιώσιμον;

ΚΡ.
ἀλλ' ἥδε μέντοι μὴ λέγ'· οὐ γὰρ ἔστ' ἔτι.

ΙΣ.
ἀλλὰ κτενεῖς νυμφεῖα τοῦ σαυτοῦ τέκνου;

ΚΡ.
ἀρώσιμοι γὰρ χἀτέρων εἰσὶν γύαι.

ΙΣ.
570 οὐχ ὥς γ' ἐκείνῳ τῇδέ τ' ἦν ἡρμοσμένα.

ΚΡ.
κακὰς ἐγὼ γυναῖκας υἱέσι στυγῶ.

ΙΣ.
ὦ φίλταθ' Αἷμον, ὥς σ' ἀτιμάζει πατήρ.

ΚΡ.
ἄγαν γε λυπεῖς καὶ σὺ καὶ τὸ σὸν λέχος.

ΙΣ.
ἦ γὰρ στερήσεις τῆσδε τὸν σαυτοῦ γόνον;

ΚΡ.
575 "Αιδης ὁ παύσων τούσδε τοὺς γάμους ἔφυ.

ΙΣ.
δεδογμέν', ὡς ἔοικε, τήνδε κατθανεῖν.

ΚΡ.
καὶ σοί γε κἀμοί.   μὴ τριβὰς ἔτ', ἀλλὰ νιν
κομίζετ' εἴσω, δμῶες· ἐκ δὲ τοῦδε χρὴ
γυναῖκας εἶναι τάσδε μηδ' ἀνειμένας.
φεύγουσι γάρ τοι χοἰ θρασεῖς, ὅταν πέλας
580   ἤδη τὸν Ἅιδην εἰσορῶσι τοῦ βίου.

ΧΟ.
(στρ. α') εὐδαίμονες οἷσι κακῶν ἄγευστος αἰών
         οἷς γὰρ ἂν σεισθῇ θεόθεν δόμος, ἄτας
585   οὐδὲν ἐλλείπει, γενεᾶς ἐπὶ πλῆθος ἕρπον·
         ὅμοιον ὥστε πόντιον
         οἶδμα δυσπνόοις ὅταν
         Θρῄσσαισιν ἔρεβος ὕφαλον ἐπιδράμῃ πνοαῖς,
590   κυλίνδει βυσσόθεν κελαινὰν
         θῖνα, καὶ δυσάνεμοι,
         στόνῳ βρέμουσιν ἀντιπλῆγες ἀκταί.

(ἀντ. α') ἀρχαῖα τὰ Λαβδακιδᾶν οἴκων ὁρῶμαι
595   πήματα φθιμένων ἐπὶ πήμασι πίπτοντ',
         οὐδ' ἀπαλλάσσει γενεὰν γένος, ἀλλ' ἐρείπει
         θεῶν τις, οὐδ' ἔχει λύσιν.
         νῦν γὰρ ἐσχάτας ὑπὲρ
600   ῥίζας ὃ τέτατο φάος ἐν Οἰδίπου δόμοις,

κατ' αὖ νιν φοινία θεῶν τῶν
νερτέρων ἀμᾷ κοπίς,
λόγου τ' ἄνοια καὶ φρενῶν Ἐρινύς.

(στρ. β') τεάν, Ζεῦ, δύνασιν τίς ἀνδρῶν
605   ὑπερβασία κατάσχοι;
τὰν οὔθ' ὕπνος αἱρεῖ ποθ' ὁ παντογήρως
οὔτ' ἀκάματοι θεῶν
μῆνες, ἀγήρως δὲ χρόνῳ δυνάστας
κατέχεις Ὀλύμπου
610   μαρμαρόεσσαν αἴγλαν.
τό τ' ἔπειτα καὶ τὸ μέλλον
καὶ τὸ πρὶν ἐπαρκέσει
νόμος ὅδ'· οὐδὲν ἕρπει
θνατῶν βιότῳ πάμπολύ γ' ἐκτὸς ἄτας.

(ἀντ. β') ἁ γὰρ δὴ πολύπλαγκτος ἐλπὶς
616   πολλοῖς μὲν ὄνασις ἀνδρῶν,
πολλοῖς δ' ἀπάτα κουφονόων ἐρώτων·
εἰδότι δ' οὐδὲν ἕρπει,
πρὶν πυρὶ θερμῷ πόδα τις προσαύσῃ.
620   σοφίᾳ γὰρ ἔκ του
κλεινὸν ἔπος πέφανται,
τὸ κακὸν δοκεῖν ποτ' ἐσθλὸν
τῷδ' ἔμμεν ὅτῳ φρένας
θεὸς ἄγει πρὸς ἄταν·
625   πράσσει δ' ὀλίγιστον χρόνον ἐκτὸς ἄτας.

ὅδε μὴν Αἵμων, παίδων τῶν σῶν
νέατον γέννημ'· ἆρ' ἀχνύμενος
τῆς μελλογάμου
τάλιδος ἥκει μόρον Ἀντιγόνης,
630 ἀπάτας λεχέων ὑπεραλγῶν;

ΚΡ.
τάχ' εἰσόμεσθα μάντεων ὑπέρτερον.
ὦ παῖ, τελείαν ψῆφον ἆρα μὴ κλύων
τῆς μελλονύμφου πατρὶ λυσσαίνων πάρει;
ἢ σοὶ μὲν ἡμεῖς πανταχῇ δρῶντες φίλοι;

ΑΙΜΩΝ
635 πάτερ, σός εἰμι· καὶ σύ μοι γνώμας ἔχων
χρηστὰς ἀπορθοῖς, αἷς ἔγωγ' ἐφέψομαι.
ἐμοὶ γὰρ οὐδεὶς ἀξιώσεται γάμος
μείζων φέρεσθαι σοῦ καλῶς ἡγουμένου.

ΚΡ.
οὕτω γάρ, ὦ παῖ, χρὴ διὰ στέρνων ἔχειν,
640 γνώμης πατρῴας πάντ' ὄπισθεν ἑστάναι.
τούτου γὰρ οὕνεκ' ἄνδρες εὔχονται γονὰς
κατηκόους φύσαντες ἐν δόμοις ἔχειν,
ὡς καὶ τὸν ἐχθρὸν ἀνταμύνωνται κακοῖς,
καὶ τὸν φίλον τιμῶσιν ἐξ ἴσου πατρί.
645 ὅστις δ' ἀνωφέλητα φιτύει τέκνα,
τί τόνδ' ἂν εἴποις ἄλλο πλὴν αὑτῷ πόνους

φῦσαι, πολὺν δὲ τοῖσιν ἐχθροῖσιν γέλων;
μή νύν ποτ', ὦ παῖ, τὰς φρένας γ' ὑφ' ἡδονῆς
γυναικὸς οὕνεκ' ἐκβάλῃς, εἰδὼς ὅτι
650 ψυχρὸν παραγκάλισμα τοῦτο γίγνεται,
γυνὴ κακὴ ξύνευνος ἐν δόμοις. τί γὰρ
γένοιτ' ἂν ἕλκος μεῖζον ἢ φίλος κακός;
ἀλλὰ πτύσας ὡσεί τε δυσμενῆ μέθες
τὴν παῖδ' ἐν Ἅιδου τήνδε νυμφεύειν τινί.
655 ἐπεὶ γὰρ αὐτὴν εἷλον ἐμφανῶς ἐγὼ
πόλεως ἀπιστήσασαν ἐκ πάσης μόνην,
ψευδῆ γ' ἐμαυτὸν οὐ καταστήσω πόλει,
ἀλλὰ κτενῶ.   πρὸς ταῦτ' ἐφυμνείτω Δία
ξύναιμον· εἰ γὰρ δὴ τά γ' ἐγγενῆ φύσει
660 ἄκοσμα θρέψω, κάρτα τοὺς ἔξω γένους.
ἐν τοῖς γὰρ οἰκείοισιν ὅστις ἔστ' ἀνὴρ
χρηστός, φανεῖται κἀν πόλει δίκαιος ὤν.
ὅστις δ' ὑπερβὰς ἢ νόμους βιάζεται,
ἢ τοὐπιτάσσειν τοῖς κρατύνουσιν νοεῖ,
665 οὐκ ἔστ' ἐπαίνου τοῦτον ἐξ ἐμοῦ τυχεῖν.
ἀλλ' ὃν πόλις στήσειε, τοῦδε χρὴ κλύειν
καὶ σμικρὰ καὶ δίκαια καὶ τἀναντία.
καὶ τοῦτον ἂν τὸν ἄνδρα θαρσοίην ἐγὼ
καλῶς μὲν ἄρχειν, εὖ δ' ἂν ἄρχεσθαι θέλειν
670 δορός τ' ἂν ἐν χειμῶνι προστεταγμένον
μένειν δίκαιον κἀγαθὸν παραστάτην.
ἀναρχίας δὲ μεῖζον οὐκ ἔστιν κακόν.
αὕτη πόλεις ὄλλυσιν, ἥδ' ἀναστάτους

οἴκους τίθησιν· ἥδε τ' ἐν μάχῃ δορὸς
675 τροπὰς καταρρήγνυσι· τῶν δ' ὀρθουμένων
σῴζει τὰ πολλὰ σώμαθ' ἡ πειθαρχία.
οὕτως ἀμυντέ' ἐστὶ τοῖς κοσμουμένοις,
κοὔτοι γυναικὸς οὐδαμῶς ἡσσητέα.
κρεῖσσον γάρ, εἴπερ δεῖ, πρὸς ἀνδρὸς ἐκπεσεῖν,
680 κοὐκ ἂν γυναικῶν ἥσσονες καλοίμεθ' ἄν.

ΧΟ.
ἡμῖν μέν, εἰ μὴ τῷ χρόνῳ κεκλέμμεθα,
λέγειν φρονούντως ὧν λέγεις δοκεῖς πέρι.

ΑΙ.
πάτερ, θεοὶ φύουσιν ἀνθρώποις φρένας,
πάντων ὅσ' ἐστὶ κτημάτων ὑπέρτατον.
685 ἐγὼ δ' ὅπως σὺ μὴ λέγεις ὀρθῶς τάδε,
οὔτ' ἂν δυναίμην μήτ' ἐπισταίμην λέγειν·
γένοιτο μεντἂν χἀτέρῳ καλῶς ἔχον.
σοῦ δ' οὖν πέφυκα πάντα προσκοπεῖν ὅσα
λέγει τις ἢ πράσσει τις ἢ ψέγειν ἔχει.
690 τὸ γὰρ σὸν ὄμμα δεινὸν ἀνδρὶ δημότῃ
λόγοις τοιούτοις, οἷς σὺ μὴ τέρψει κλύων·
ἐμοὶ δ' ἀκούειν ἔσθ' ὑπὸ σκότου τάδε,
τὴν παῖδα ταύτην οἷ' ὀδύρεται πόλις,
πασῶν γυναικῶν ὡς ἀναξιωτάτη
695 κάκιστ' ἀπ' ἔργων εὐκλεεστάτων φθίνει,
ἥτις τὸν αὑτῆς αὐτάδελφον ἐν φοναῖς

ΑΝΤΙΓΟΝΗ 139

πεπτῶτ' ἄθαπτον μήθ' ὑπ' ὠμηστῶν κυνῶν
εἴασ' ὀλέσθαι μήθ' ὑπ' οἰωνῶν τινός·
οὐχ ἥδε χρυσῆς ἀξία τιμῆς λαχεῖν;
700 τοιάδ' ἐρεμνὴ σῖγ' ἐπέρχεται φάτις.
ἐμοὶ δὲ σοῦ πράσσοντος εὐτυχῶς, πάτερ,
οὐκ ἔστιν οὐδὲν κτῆμα τιμιώτερον.
τί γὰρ πατρὸς θάλλοντος εὐκλείας τέκνοις
ἄγαλμα μεῖζον, ἢ τί πρὸς παίδων πατρί;
705 μή νυν ἓν ἦθος μοῦνον ἐν σαυτῷ φόρει,
ὡς φῂς σύ, κοὐδὲν ἄλλο, τοῦτ' ὀρθῶς ἔχειν.
ὅστις γὰρ αὐτὸς ἢ φρονεῖν μόνος δοκεῖ,
ἢ γλῶσσαν, ἣν οὐκ ἄλλος, ἢ ψυχὴν ἔχειν,
οὗτοι διαπτυχθέντες ὤφθησαν κενοί.
710 ἀλλ' ἄνδρα, κεἴ τις ᾖ σοφός, τὸ μανθάνειν
πόλλ' αἰσχρὸν οὐδὲν καὶ τὸ μὴ τείνειν ἄγαν.
ὁρᾷς παρὰ ῥείθροισι χειμάρροις ὅσα
δένδρων ὑπείκει, κλῶνας ὡς ἐκσῴζεται,
τὰ δ' ἀντιτείνοντ' αὐτόπρεμν' ἀπόλλυται.
715 αὕτως δὲ ναὸς ὅστις ἐγκρατῆ πόδα
τείνας ὑπείκει μηδέν, ὑπτίοις κάτω
στρέψας τὸ λοιπὸν σέλμασιν ναυτίλλεται.
ἀλλ' εἶκε θυμοῦ καὶ μετάστασιν δίδου.
γνώμη γὰρ εἴ τις κἀπ' ἐμοῦ νεωτέρου
720 πρόσεστι, φήμ' ἔγωγε πρεσβεύειν πολὺ
φῦναι τὸν ἄνδρα πάντ' ἐπιστήμης πλέων·
εἰ δ' οὖν, φιλεῖ γὰρ τοῦτο μὴ ταύτῃ ῥέπειν,
καὶ τῶν λεγόντων εὖ καλὸν τὸ μανθάνειν.

ΧΟ.
ἄναξ, σέ τ' εἰκὸς, εἴ τι καίριον λέγει,
μαθεῖν, σέ τ' αὖ τοῦδ'· εὖ γὰρ εἴρηται διπλᾶ.

ΚΡ.
οἱ τηλικοίδε καὶ διδαξόμεσθα δὴ
725   φρονεῖν πρὸς ἀνδρὸς τηλικοῦδε τὴν φύσιν;

ΑΙ.
μηδὲν τὸ μὴ δίκαιον· εἰ δ' ἐγὼ νέος,
οὐ τὸν χρόνον χρὴ μᾶλλον ἢ τἄργα σκοπεῖν.

ΚΡ.
ἔργον γάρ ἐστι τοὺς ἀκοσμοῦντας σέβειν;

ΑΙ.
730   οὐδ' ἂν κελεύσαιμ' εὐσεβεῖν ἐς τοὺς κακούς.

ΚΡ.
οὐχ ἥδε γὰρ τοιᾷδ' ἐπείληπται νόσῳ;

ΑΙ.
οὔ φησι Θήβης τῆσδ' ὁμόπτολις λεώς.

ΚΡ.
πόλις γὰρ ἡμῖν ἁμὲ χρὴ τάσσειν ἐρεῖ;

ΑΙ.
735 ὁρᾷς τόδ' ὡς εἴρηκας ὡς ἄγαν νέος;

ΚΡ.
ἄλλῳ γὰρ ἢ 'μοὶ χρή με τῆσδ' ἄρχειν χθονός;

ΑΙ.
πόλις γὰρ οὐκ ἔσθ' ἥτις ἀνδρός ἐσθ' ἑνός.

ΚΡ.
οὐ τοῦ κρατοῦντος ἡ πόλις νομίζεται;

ΑΙ.
καλῶς ἐρήμης γ' ἂν σὺ γῆς ἄρχοις μόνος.

ΚΡ.
740 ὅδ', ὡς ἔοικε, τῇ γυναικὶ συμμαχεῖ.

ΑΙ.
εἴπερ γυνὴ σύ· σοῦ γὰρ οὖν προκήδομαι.

ΚΡ.
ὦ παγκάκιστε, διὰ δίκης ἰὼν πατρί.

ΑΙ.
οὐ γὰρ δίκαιά σ' ἐξαμαρτάνονθ' ὁρῶ.

ΚΡ.
ἁμαρτάνω γὰρ τὰς ἐμὰς ἀρχὰς σέβων;

ΑΙ.
οὐ γὰρ σέβεις, τιμάς γε τὰς θεῶν πατῶν.

ΚΡ.
ὦ μιαρὸν ἦθος καὶ γυναικὸς ὕστερον.

ΑΙ.
οὔ τἂν ἕλοις ἥσσω γε τῶν αἰσχρῶν ἐμέ.

ΚΡ.
ὁ γοῦν λόγος σοι πᾶς ὑπὲρ κείνης ὅδε.

ΑΙ.
καὶ σοῦ γε κἀμοῦ, καὶ θεῶν τῶν νερτέρων.

ΚΡ.
ταύτην ποτ' οὐκ ἔσθ' ὡς ἔτι ζῶσαν γαμεῖς.

ΑΙ.
ἥδ' οὖν θανεῖται καὶ θανοῦσ' ὀλεῖ τινά.

ΚΡ.
ἦ κἀπαπειλῶν ὧδ' ἐπεξέρχει θρασύς;

ΑΙ.
τίς δ' ἔστ' ἀπειλὴ πρὸς κενὰς γνώμας λέγειν;

ΚΡ.
κλαίων φρενώσεις, ὧν φρενῶν αὐτὸς κενός.

ΑΙ.
εἰ μὴ πατὴρ ἦσθ', εἶπον ἄν σ' οὐκ εὖ φρονεῖν.

755

ΚΡ.
γυναικὸς ὢν δούλευμα, μὴ κώτιλλέ με.

ΑΙ.
βούλει λέγειν τι καὶ λέγων μηδὲν κλύειν;

ΚΡ.
ἄληθες; ἀλλ' οὐ τόνδ' Ὄλυμπον, ἴσθ' ὅτι,
χαίρων ἐπὶ ψόγοισι δεννάσεις ἐμέ.
ἄγετε τὸ μῖσος, ὡς κατ' ὄμματ' αὐτίκα
παρόντι θνήσκῃ πλησία τῷ νυμφίῳ.

760

ΑΙ.
οὐ δῆτ' ἔμοιγε, τοῦτο μὴ δόξῃς ποτέ,
οὔθ' ἥδ' ὀλεῖται πλησία, σύ τ' οὐδαμὰ
τοὐμὸν προσόψει κρᾶτ' ἐν ὀφθαλμοῖς ὁρῶν,
ὡς τοῖς θέλουσι τῶν φίλων μαίνῃ ξυνών.

765

ΧΟ.
ἀνὴρ, ἄναξ, βέβηκεν ἐξ ὀργῆς ταχύς·
νοῦς δ' ἐστὶ τηλικοῦτος ἀλγήσας βαρύς.

ΚΡ.
δράτω, φρονείτω μεῖζον ἢ κατ' ἄνδρ' ἰών·
τὼ δ' οὖν κόρα τώδ' οὐκ ἀπαλλάξει μόρου.

ΧΟ.
770 ἄμφω γὰρ αὐτὼ καὶ κατακτεῖναι νοεῖς;

ΚΡ.
οὐ τήν γε μὴ θιγοῦσαν· εὖ γὰρ οὖν λέγεις.

ΧΟ.
μόρῳ δὲ ποίῳ καί σφε βουλεύει κτανεῖν;

ΚΡ.
ἄγων ἔρημος ἔνθ' ἂν ᾖ βροτῶν στίβος
κρύψω πετρώδει ζῶσαν ἐν κατώρυχι,
775 φορβῆς τοσοῦτον ὡς ἄγος μόνον προθείς,
ὅπως μίασμα πᾶσ' ὑπεκφύγῃ πόλις.
κἀκεῖ τὸν Ἅιδην, ὃν μόνον σέβει θεῶν,
αἰτουμένη που τεύξεται τὸ μὴ θανεῖν,
ἢ γνώσεται γοῦν ἀλλὰ τηνικαῦθ' ὅτι
780 πόνος περισσός ἐστι τἀν Ἅιδου σέβειν.

ΧΟ.
(στρ.) Ἔρως ἀνίκατε μάχαν,
Ἔρως, ὃς ἐν κτήμασι πίπτεις,
ὃς ἐν μαλακαῖς παρειαῖς
νεάνιδος ἐννυχεύεις,
785 φοιτᾷς δ' ὑπερπόντιος ἔν τ' ἀγρονόμοις αὐλαῖς·
καί σ' οὔτ' ἀθανάτων φύξιμος οὐδεὶς
790 οὔθ' ἁμερίων ἐπ' ἀνθρώπων, ὁ δ' ἔχων μέμηνεν.

(ἀντ.) σὺ καὶ δικαίων ἀδίκους
φρένας παρασπᾷς ἐπὶ λώβᾳ·
σὺ καὶ τόδε νεῖκος ἀνδρῶν
ξύναιμον ἔχεις ταράξας·
795 νικᾷ δ' ἐναργὴς βλεφάρων ἵμερος εὐλέκτρου
νύμφας, τῶν μεγάλων πάρεδρος ἐν ἀρχαῖς

800 θεσμῶν· ἄμαχος γὰρ ἐμπαίζει θεὸς Ἀφροδίτα.
νῦν δ' ἤδη 'γὼ καὐτὸς θεσμῶν
ἔξω φέρομαι τάδ' ὁρῶν, ἴσχειν δ'
οὐκέτι πηγὰς δύναμαι δακρύων,
τὸν παγκοίτην ὅθ' ὁρῶ θάλαμον
805 τήνδ' Ἀντιγόνην ἀνύτουσαν.

ΑΝ.
(στρ. α') ὁρᾶτ' ἔμ', ὦ γᾶς πατρίας πολῖται,
τὰν νεάταν ὁδὸν
στείχουσαν, νέατον δὲ φέγγος

λεύσσουσαν ἀελίου,
810   κοὔποτ' αὖθις· ἀλλά μ' ὁ παγκοίτας "Αιδας ζῶσαν ἄγει
τὰν 'Αχέροντος
ἀκτάν, οὔθ' ὑμεναίων
815   ἔγκληρον, οὔτ' ἐπὶ νυμφείοις πώ μέ τις ὕμνος
ὕμνησεν, ἀλλ' 'Αχέροντι νυμφεύσω.

ΧΟ.
(συστρ. α') οὐκοῦν κλεινὴ καὶ ἔπαινον ἔχουσ'
ἐς τόδ' ἀπέρχει κεῦθος νεκύων,
οὔτε φθινάσιν πληγεῖσα νόσοις
820   οὔτε ξιφέων ἐπίχειρα λαχοῦσ',
ἀλλ' αὐτόνομος, ζῶσα μόνη δὴ
θνατῶν, 'Αΐδαν καταβήσει.

ΑΝ.
(ἀντ. α') ἤκουσα δὴ λυγροτάταν ὀλέσθαι
τὰν Φρυγίαν ξέναν
825   Ταντάλου Σιπύλῳ πρὸς ἄκρῳ,
τὰν κισσὸς ὡς ἀτενὴς
πετραία βλάστα δάμασεν, καί νιν ὄμβροι τακομέναν,
ὡς φάτις ἀνδρῶν,
830   χιών τ' οὐδαμὰ λείπει,
τέγγει δ' ὑπ' ὀφρύσι παγκλαύτοις δειράδας· ᾷ με
δαίμων ὁμοιοτάταν κατευνάζει.

ΧΟ.

835 ἀλλὰ θεός τοι καὶ θεογεννής,
ἡμεῖς δὲ βροτοὶ καὶ θνητογενεῖς.
καίτοι φθιμένᾳ μέγα κἀκοῦσαι
τοῖς ἰσοθέοις σύγκληρα λαχεῖν
ζῶσαν καὶ ἔπειτα θανοῦσαν.

ΑΝ.

(στρ. β') οἴμοι γελῶμαι. τί με, πρὸς θεῶν πατρῴων,
840 οὐκ οἰχομέναν ὑβρίζεις,
ἀλλ' ἐπίφαντον;
ὦ πόλις, ὦ πόλεως
πολυκτήμονες ἄνδρες·
ἰὼ Διρκαῖαι κρῆναι Θήβας τ'
845 εὐαρμάτου ἄλσος, ἔμπας
ξυμμάρτυρας ὔμμ' ἐπικτῶμαι,
οἷα φίλων ἄκλαυτος, οἵοις νόμοις
πρὸς ἔργμα τυμβόχωστον ἔρχομαι τάφου ποταινίου·
850 ἰὼ δύστανος, βροτοῖς
οὔτε νεκροῖς κυροῦσα
μέτοικος, οὐ ζῶσιν, οὐ θανοῦσιν.

ΧΟ.

(στρ. γ') προβᾶσ' ἐπ' ἔσχατον θράσους
ὑψηλὸν ἐς Δίκας βάθρον
855 προσέπεσες, ὦ τέκνον, πολύ.
πατρῷον δ' ἐκτίνεις τιν' ἆθλον.

ΑΝ.
(ἀντ. β') ἔψαυσας ἀλγεινοτάτας ἐμοὶ μερίμνας,
πατρὸς τριπόλιστον οἶκτον
τοῦ τε πρόπαντος
860 ἁμετέρου πότμου
κλεινοῖς Λαβδακίδαισιν.
ἰὼ ματρῷαι λέκτρων ἆται
κοιμήματά τ' αὐτογέννητ'
865 ἐμῷ πατρὶ δυσμόρου ματρός,
οἵων ἐγώ ποθ' ἁ ταλαίφρων ἔφυν·
πρὸς οὓς ἀραῖος ἄγαμος, ἅδ' ἐγὼ μέτοικος ἔρχομαι.
ἰὼ δυσπότμων
870 κασίγνητε γάμων κυρήσας,
θανὼν ἔτ' οὖσαν κατήναρές με.

ΧΟ.
(ἀντ. γ') σέβειν μὲν εὐσέβειά τις,
κράτος δ', ὅτῳ κράτος μέλει,
παραβατὸν οὐδαμᾷ πέλει,
875 σὲ δ' αὐτόγνωτος ὤλεσ' ὀργά.

ΑΝ.
(ἐπ.) ἄκλαυτος, ἄφιλος, ἀνυμέναιος ταλαίφρων ἄγομαι
τάνδ' ἑτοίμαν ὁδόν· οὐκέτι μοι τόδε
λαμπάδος ἱερὸν ὄμμα
880 θέμις ὁρᾶν ταλαίνᾳ·
τὸν δ' ἐμὸν πότμον ἀδάκρυτον οὐδεὶς φίλων στενάζει.

ΚΡ.
ἆρ' ἴστ', ἀοιδὰς καὶ γόους πρὸ τοῦ θανεῖν,
ὡς οὐδ' ἂν εἷς παύσαιτ' ἄν, εἰ χρείη λέγειν;
885 οὐκ ἄξεθ' ὡς τάχιστα; καὶ κατηρεφεῖ
τύμβῳ περιπτύξαντες, ὡς εἴρηκ' ἐγώ,
ἄφετε μόνην ἔρημον, εἴτε χρῇ θανεῖν
εἴτ' ἐν τοιαύτῃ ζῶσα τυμβεύειν στέγῃ·
ἡμεῖς γὰρ ἁγνοὶ τοὐπὶ τήνδε τὴν κόρην·
890 μετοικίας δ' οὖν τῆς ἄνω στερήσεται.

ΑΝ.
ὦ τύμβος, ὦ νυμφεῖον, ὦ κατασκαφὴς
οἴκησις ἀείφρουρος, οἷ πορεύομαι
πρὸς τοὺς ἐμαυτῆς, ὧν ἀριθμὸν ἐν νεκροῖς
πλεῖστον δέδεκται Περσέφασσ' ὀλωλότων·
895 ὧν λοισθία 'γὼ καὶ κάκιστα δὴ μακρῷ
κάτειμι, πρίν μοι μοῖραν ἐξήκειν βίου.
ἐλθοῦσα μέντοι κάρτ' ἐν ἐλπίσιν τρέφω
φίλη μὲν ἥξειν πατρί, προσφιλὴς δὲ σοί,
μῆτερ, φίλη δὲ σοί, κασίγνητον κάρα·
900 ἐπεὶ θανόντας αὐτόχειρ ὑμᾶς ἐγὼ
ἔλουσα κἀκόσμησα κἀπιτυμβίους
χοὰς ἔδωκα· νῦν δέ, Πολύνεικες, τὸ σὸν
δέμας περιστέλλουσα τοιάδ' ἄρνυμαι.
καίτοι σ' ἐγὼ 'τίμησα τοῖς φρονοῦσιν εὖ.
905 οὐ γάρ ποτ' οὔτ' ἂν εἰ τέκνων μήτηρ ἔφυν
οὔτ' εἰ πόσις μοι κατθανὼν ἐτήκετο,

βίᾳ πολιτῶν τόνδ' ἂν ἠρόμην πόνον.
τίνος νόμου δὴ ταῦτα πρὸς χάριν λέγω;
πόσις μὲν ἄν μοι κατθανόντος ἄλλος ἦν,
910 καὶ παῖς ἀπ' ἄλλου φωτός, εἰ τοῦδ' ἤμπλακον,
μητρὸς δ' ἐν Ἅιδου καὶ πατρὸς κεκευθότοιν
οὐκ ἔστ' ἀδελφὸς ὅστις ἂν βλάστοι ποτέ.
τοιῷδε μέντοι σ' ἐκπροτιμήσασ' ἐγὼ
νόμῳ, Κρέοντι ταῦτ' ἔδοξ' ἁμαρτάνειν
915 καὶ δεινὰ τολμᾶν, ὦ κασίγνητον κάρα.
καὶ νῦν ἄγει με διὰ χερῶν οὕτω λαβὼν
ἄλεκτρον, ἀνυμέναιον, οὔτε του γάμου
μέρος λαχοῦσαν οὔτε παιδείου τροφῆς,
ἀλλ' ὧδ' ἔρημος πρὸς φίλων ἡ δύσμορος
920 ζῶσ' ἐς θανόντων ἔρχομαι κατασκαφάς·
ποίαν παρεξελθοῦσα δαιμόνων δίκην;
τί χρή με τὴν δύστηνον ἐς θεοὺς ἔτι
βλέπειν; τίν' αὐδᾶν ξυμμάχων; ἐπεί γε δὴ
τὴν δυσσέβειαν εὐσεβοῦσ' ἐκτησάμην.
925 ἀλλ' εἰ μὲν οὖν τάδ' ἐστὶν ἐν θεοῖς καλά,
παθόντες ἂν ξυγγνοῖμεν ἡμαρτηκότες·
εἰ δ' οἵδ' ἁμαρτάνουσι, μὴ πλείω κακὰ
πάθοιεν ἢ καὶ δρῶσιν ἐκδίκως ἐμέ.

ΧΟ.
930 ἔτι τῶν αὐτῶν ἀνέμων αὐταὶ
ψυχῆς ῥιπαὶ τήνδε γ' ἔχουσιν.

ΚΡ.
τοιγὰρ τούτων τοῖσιν ἄγουσιν
κλαύμαθ' ὑπάρξει βραδυτῆτος ὕπερ.

ΑΝ.
οἴμοι, θανάτου τοῦτ' ἐγγυτάτω
τοὔπος ἀφῖκται.

ΚΡ.
935 θαρσεῖν οὐδὲν παραμυθοῦμαι
μὴ οὐ τάδε ταύτῃ κατακυροῦσθαι.

ΑΝ.
ὦ γῆς Θήβης ἄστυ πατρῷον
καὶ θεοὶ προγενεῖς,
ἄγομαι δὴ κοὐκέτι μέλλω.
940 λεύσσετε, Θήβης οἱ κοιρανίδαι,
τὴν βασιλειδᾶν μούνην λοιπήν,
οἷα πρὸς οἵων ἀνδρῶν πάσχω,
τὴν εὐσεβίαν σεβίσασα.

ΧΟ.
(στρ. α') ἔτλα καὶ Δανάας οὐράνιον φῶς
945 ἀλλάξαι δέμας ἐν χαλκοδέτοις αὐλαῖς·
κρυπτομένα δ' ἐν
τυμβήρει θαλάμῳ κατεζεύχθη·
καίτοι καὶ γενεᾷ τίμιος, ὦ παῖ παῖ,

950 καὶ Ζηνὸς ταμιεύεσκε γονὰς χρυσορύτους.
ἀλλ' ἁ μοιριδία τις δύνασις δεινά·
οὔτ' ἄν νιν ὄμβρος οὔτ' Ἄρης,
οὐ πύργος, οὐχ ἁλίκτυποι
κελαιναὶ νᾶες ἐκφύγοιεν.

(ἀντ. α') ζεύχθη δ' ὀξύχολος παῖς ὁ Δρύαντος,
956 Ἠδωνῶν βασιλεύς, κερτομίοις ὀργαῖς
ἐκ Διονύσου
πετρώδει κατάφαρκτος ἐν δεσμῷ.
οὕτω τᾶς μανίας δεινὸν ἀποστάζει
960 ἀνθηρόν τε μένος. κεῖνος ἐπέγνω μανίαις
ψαύων τὸν θεὸν ἐν κερτομίοις γλώσσαις.
παύεσκε μὲν γὰρ ἐνθέους
γυναῖκας εὔιόν τε πῦρ,
965 φιλαύλους τ' ἠρέθιζε Μούσας.

(στρ. β') πάρα δὲ Κυανέων πελαγέων διδύμας ἁλὸς
ἀκταὶ Βοσπόριαι ἰδ' ὁ Θρηκῶν ⟨ἄξενος⟩
970 Σαλμυδησσός, ἵν' ἀγχίπολις Ἄρης
δισσοῖσι Φινείδαις
εἶδεν ἀρατὸν ἕλκος
τυφλωθὲν ἐξ ἀγρίας δάμαρτος,
ἀλαὸν ἀλαστόροισιν ὀμμάτων κύκλοις,
975 ἀραχθέντων ὑφ' αἱματηραῖς
χείρεσσι καὶ κερκίδων ἀκμαῖσιν.

(ἀντ. β') κατὰ δὲ τακόμενοι μέλοι μελέαν πάθαν
980 κλαῖον, πατρὸς ἔχοντες ἀνύμφευτον γονάν·
ἁ δὲ σπέρμα μὲν ἀρχαιογόνων
ἄντασ' Ἐρεχθειδᾶν,
τηλεπόροις δ' ἐν ἄντροις
τράφη θυέλλαισιν ἐν πατρῴαις
985 Βορεὰς ἄμιππος ὀρθόποδος ὑπὲρ πάγου,
θεῶν παῖς· ἀλλὰ κἀπ' ἐκείνᾳ
Μοῖραι μακραίωνες ἔσχον, ὦ παῖ.

ΤΕΙΡΕΣΙΑΣ
Θήβης ἄνακτες, ἥκομεν κοινὴν ὁδὸν
δύ' ἐξ ἑνὸς βλέποντε· τοῖς τυφλοῖσι γὰρ
990 αὕτη κέλευθος ἐκ προηγητοῦ πέλει.

ΚΡ.
τί δ' ἔστιν, ὦ γεραιὲ Τειρεσία, νέον;

ΤΕ.
ἐγὼ διδάξω, καὶ σὺ τῷ μάντει πιθοῦ.

ΚΡ.
οὔκουν πάρος γε σῆς ἀπεστάτουν φρενός.

ΤΕ.
τοιγὰρ δι' ὀρθῆς τήνδε ἐναυκληρεῖς πόλιν.

ΚΡ.
995 ἔχω πεπονθὼς μαρτυρεῖν ὀνήσιμα.

ΤΕ.
φρόνει βεβὼς αὖ νῦν ἐπὶ ξυροῦ τύχης.

ΚΡ.
τί δ' ἔστιν; ὡς ἐγὼ τὸ σὸν φρίσσω στόμα.

ΤΕ.
γνώσει, τέχνης σημεῖα τῆς ἐμῆς κλύων.
ἐς γὰρ παλαιὸν θᾶκον ὀρνιθοσκόπον
1000 ἵζων, ἵν' ἦν μοι παντὸς οἰωνοῦ λιμήν,
ἀγνῶτ' ἀκούω φθόγγον ὀρνίθων, κακῷ
κλάζοντας οἴστρῳ καὶ βεβαρβαρωμένῳ·
καὶ σπῶντας ἐν χηλαῖσιν ἀλλήλους φοναῖς
ἔγνων· πτερῶν γὰρ ῥοῖβδος οὐκ ἄσημος ἦν.
1005 εὐθὺς δὲ δείσας ἐμπύρων ἐγευόμην
βωμοῖσι παμφλέκτοισιν· ἐκ δὲ θυμάτων
Ἥφαιστος οὐκ ἔλαμπεν, ἀλλ' ἐπὶ σποδῷ
μυδῶσα κηκὶς μηρίων ἐτήκετο
κἄτυφε κἀνέπτυε, καὶ μετάρσιοι
1010 χολαὶ διεσπείροντο, καὶ καταρρυεῖς
μηροὶ καλυπτῆς ἐξέκειντο πιμελῆς.
τοιαῦτα παιδὸς τοῦδ' ἐμάνθανον πάρα
φθίνοντ' ἀσήμων ὀργίων μαντεύματα.
ἐμοὶ γὰρ οὗτος ἡγεμών, ἄλλοις δ' ἐγώ.

1015 καὶ ταῦτα τῆς σῆς ἐκ φρενὸς νοσεῖ πόλις.
βωμοὶ γὰρ ἡμῖν ἐσχάραι τε παντελεῖς
πλήρεις ὑπ' οἰωνῶν τε καὶ κυνῶν βορᾶς
τοῦ δυσμόρου πεπτῶτος Οἰδίπου γόνου.
κᾆτ' οὐ δέχονται θυστάδας λιτὰς ἔτι
1020 θεοὶ παρ' ἡμῶν οὐδὲ μηρίων φλόγα,
οὐδ' ὄρνις εὐσήμους ἀπορροιβδεῖ βοάς,
ἀνδροφθόρου βεβρῶτες αἵματος λίπος.
ταῦτ' οὖν, τέκνον, φρόνησον. ἀνθρώποισι γὰρ
τοῖς πᾶσι κοινόν ἐστι τοὐξαμαρτάνειν·
1025 ἐπεὶ δ' ἁμάρτῃ, κεῖνος οὐκέτ' ἔστ' ἀνὴρ
ἄβουλος οὐδ' ἄνολβος, ὅστις ἐς κακὸν
πεσὼν ἀκεῖται μηδ' ἀκίνητος πέλει.
αὐθαδία τοι σκαιότητ' ὀφλισκάνει.
ἀλλ' εἶκε τῷ θανόντι, μηδ' ὀλωλότα
1030 κέντει. τίς ἀλκὴ τὸν θανόντ' ἐπικτανεῖν;
εὖ σοι φρονήσας εὖ λέγω· τὸ μανθάνειν δ'
ἥδιστον εὖ λέγοντος, εἰ κέρδος λέγοι.

ΚΡ.
ὦ πρέσβυ, πάντες ὥστε τοξόται σκοποῦ
τοξεύετ' ἀνδρὸς τοῦδε, κοὐδὲ μαντικῆς
1035 ἄπρακτος ὑμῖν εἰμι, τῶν δ' ὑπαὶ γένους
ἐξημπόλημαι κἀκπεφόρτισμαι πάλαι.
κερδαίνετ', ἐμπολᾶτε τὸν πρὸς Σάρδεων
ἤλεκτρον, εἰ βούλεσθε, καὶ τὸν Ἰνδικὸν
χρυσόν· τάφῳ δ' ἐκεῖνον οὐχὶ κρύψετε,

1040   οὐδ' εἰ θέλουσ' οἱ Ζηνὸς αἰετοὶ βορὰν
φέρειν νιν ἁρπάζοντες ἐς Διὸς θρόνους,
οὐδ' ὣς μίασμα τοῦτο μὴ τρέσας ἐγὼ
θάπτειν παρήσω κεῖνον· εὖ γὰρ οἶδ' ὅτι
θεοὺς μιαίνειν οὔτις ἀνθρώπων σθένει.
1045   πίπτουσι δ', ὦ γεραιὲ Τειρεσία, βροτῶν
χοἰ πολλὰ δεινοὶ πτώματ' αἴσχρ', ὅταν λόγους
αἰσχροὺς καλῶς λέγωσι τοῦ κέρδους χάριν.

ΤΕ.
φεῦ.
ἆρ' οἶδεν ἀνθρώπων τις, ἆρα φράζεται,

ΚΡ.
τί χρῆμα; ποῖον τοῦτο πάγκοινον λέγεις;

ΤΕ.
1050   ὅσῳ κράτιστον κτημάτων εὐβουλία;

ΚΡ.
ὅσῳπερ, οἶμαι, μὴ φρονεῖν πλείστη βλάβη.

ΤΕ.
ταύτης σὺ μέντοι τῆς νόσου πλήρης ἔφυς·

ΚΡ.
οὐ βούλομαι τὸν μάντιν ἀντειπεῖν κακῶς.

ΤΕ.
καὶ μὴν λέγεις, ψευδῆ με θεσπίζειν λέγων.

ΚΡ.
1055 τὸ μαντικὸν γὰρ πᾶν φιλάργυρον γένος.

ΤΕ.
τὸ δ' ἐκ τυράννων αἰσχροκερδείαν φιλεῖ.

ΚΡ.
ἆρ' οἶσθα ταγοὺς ὄντας ἂν λέγῃς λέγων;

ΤΕ.
οἶδ'· ἐξ ἐμοῦ γὰρ τήνδ' ἔχεις σώσας πόλιν.

ΚΡ.
σοφὸς σὺ μάντις, ἀλλὰ τἀδικεῖν φιλῶν.

ΤΕ.
1060 ὄρσεις με τἀκίνητα διὰ φρενῶν φράσαι.

ΚΡ.
κίνει, μόνον δὲ μὴ 'πὶ κέρδεσιν λέγων.

ΤΕ.
οὕτω γὰρ ἤδη καὶ δοκῶ τὸ σὸν μέρος;

ΚΡ.
ὡς μὴ 'μπολήσων ἴσθι τὴν ἐμὴν φρένα.

ΤΕ.
ἀλλ' εὖ γέ τοι κάτισθι μὴ πολλοὺς ἔτι
1065 τρόχους ἁμιλλητῆρας ἡλίου τελῶν
ἐν οἷσι τῶν σῶν αὐτὸς ἐκ σπλάγχνων ἕνα
νέκυν νεκρῶν ἀμοιβὸν ἀντιδοὺς ἔσει,
ἀνθ' ὧν ἔχεις μὲν τῶν ἄνω βαλὼν κάτω,
ψυχήν τ' ἀτίμως ἐν τάφῳ κατῴκισας·
1070 ἔχεις δὲ τῶν κάτωθεν ἐνθάδ' αὖ θεῶν
ἄμοιρον, ἀκτέριστον, ἀνόσιον νέκυν.
ὧν οὔτε σοὶ μέτεστιν οὔτε τοῖς ἄνω
θεοῖσιν, ἀλλ' ἐκ σοῦ βιάζονται τάδε.
τούτων σε λωβητῆρες ὑστεροφθόροι
1075 λοχῶσιν Ἅιδου καὶ θεῶν Ἐρινύες,
ἐν τοῖσιν αὐτοῖς τοῖσδε ληφθῆναι κακοῖς.
καὶ ταῦτ' ἄθρησον εἰ κατηργυρωμένος
λέγω· φανεῖ γάρ, οὐ μακροῦ χρόνου τριβὴ
ἀνδρῶν γυναικῶν σοῖς δόμοις κωκύματα.
1080 ἐχθραὶ δὲ πᾶσαι συνταράσσονται πόλεις
ὅσων σπαράγματ' ἢ κύνες καθήγνισαν
ἢ θῆρες, ἤ τις πτηνὸς οἰωνός, φέρων
ἀνόσιον ὀσμὴν ἑστιοῦχον ἐς πόλιν.
τοιαῦτά σου, λυπεῖς γάρ, ὥστε τοξότης
1085 ἀφῆκα θυμῷ καρδίας τοξεύματα
βέβαια, τῶν σὺ θάλπος οὐχ ὑπεκδραμεῖ.

ὦ παῖ, σὺ δ' ἡμᾶς ἄπαγε πρὸς δόμους, ἵνα
τὸν θυμὸν οὗτος ἐς νεωτέρους ἀφῇ,
καὶ γνῷ τρέφειν τὴν γλῶσσαν ἡσυχωτέραν
τὸν νοῦν τ' ἀμείνω τῶν φρενῶν ἢ νῦν φέρει.

ΧΟ.
ἀνὴρ, ἄναξ, βέβηκε δεινὰ θεσπίσας.
ἐπιστάμεσθα δ', ἐξ ὅτου λευκὴν ἐγὼ
τήνδ' ἐκ μελαίνης ἀμφιβάλλομαι τρίχα,
μή πώ ποτ' αὐτὸν ψεῦδος ἐς πόλιν λακεῖν.

ΚΡ.
ἔγνωκα καὐτὸς καὶ ταράσσομαι φρένας·
τό τ' εἰκαθεῖν γὰρ δεινόν, ἀντιστάντα δὲ
ἄτῃ πατάξαι θυμὸν ἐν δεινῷ πάρα.

ΧΟ.
εὐβουλίας δεῖ, παῖ Μενοικέως, λαβεῖν.

ΚΡ.
τί δῆτα χρὴ δρᾶν; φράζε· πείσομαι δ' ἐγώ.

ΧΟ.
ἐλθὼν κόρην μὲν ἐκ κατώρυχος στέγης
ἄνες, κτίσον δὲ τῷ προκειμένῳ τάφον.

ΚΡ.
καὶ ταῦτ' ἐπαινεῖς καὶ δοκεῖς παρεικαθεῖν;

ΧΟ.
ὅσον γ', ἄναξ, τάχιστα· συντέμνουσι γὰρ
θεῶν ποδώκεις τοὺς κακόφρονας βλάβαι.

ΚΡ.
1105 οἴμοι· μόλις μὲν, καρδίας δ' ἐξίσταμαι
τὸ δρᾶν· ἀνάγκῃ δ' οὐχὶ δυσμαχητέον.

ΧΟ.
δρᾶ νυν τάδ' ἐλθὼν μηδ' ἐπ' ἄλλοισιν τρέπε.

ΚΡ.
ὧδ' ὡς ἔχω στείχοιμ' ἄν· ἴτ' ἴτ' ὀπάονες
οἵ τ' ὄντες οἵ τ' ἀπόντες, ἀξίνας χεροῖν
1110 ὁρμᾶσθ' ἑλόντες εἰς ἐπόψιον τόπον.
ἐγὼ δ', ἐπειδὴ δόξα τῇδ' ἐπεστράφη,
αὐτός τ' ἔδησα καὶ παρὼν ἐκλύσομαι.
δέδοικα γὰρ μὴ τοὺς καθεστῶτας νόμους
1114 ἄριστον ᾖ σῴζοντα τὸν βίον τελεῖν.

ΧΟ.
(στρ. α') πολυώνυμε, Καδμείας νύμφας ἄγαλμα
καὶ Διὸς βαρυβρεμέτα
γένος, κλυτὰν ὃς ἀμφέπεις Ἰταλίαν, μέδεις δὲ

1120   παγκοίνοις Ἐλευσινίας
        Δῃοῦς ἐν κόλποις, Βακχεῦ, Βακχᾶν
        ὁ ματρόπολιν Θήβαν
        ναιετῶν παρ' ὑγρὸν
        Ἰσμηνοῦ ῥεῖθρόν τ', ἀγρίου τ'
1125   ἐπὶ σπορᾷ δράκοντος·

(ἀντ. α') σὲ δ' ὑπὲρ διλόφου πέτρας στέροψ ὄπωπε
        λιγνύς, ἔνθα Κωρύκιαι
1130   στείχουσι Νύμφαι Βακχίδες, Κασταλίας τε νᾶμα.
        καί σε Νυσαίων ὀρέων
        κισσήρεις ὄχθαι χλωρά τ' ἀκτὰ
        πολυστάφυλος πέμπει
        ἀμβρότων ἐπέων
1135   εὐαζόντων, Θηβαΐας
        ἐπισκοποῦντ' ἀγυιάς.

(στρ. β') τὰν ἐκ πασᾶν τιμᾷς
        ὑπερτάταν πόλεων
        ματρὶ σὺν κεραυνίᾳ·
1140   καὶ νῦν, ὡς βιαίας
        ἔχεται πάνδαμος πόλις ἐπὶ νόσου,
        μολεῖν καθαρσίῳ ποδὶ Παρνασίαν
1145   ὑπὲρ κλιτὺν, ἢ στονόεντα πορθμόν.

(αντ. β') ἰὼ πνειόντων
        χοράγ' ἄστρων, νυχίων

φθεγμάτων ἐπίσκοπε,
παῖ Διὸς γένεθλον,
1150 προφάνηθ', ὦναξ, σαῖς ἅμα περιπόλοις.
Θυίαισιν, αἵ σε μαινόμεναι πάννυχοι
χορεύουσι τὸν ταμίαν Ἴακχον.

ΑΓΓΕΛΟΣ
1155 Κάδμου πάροικοι καὶ δόμων Ἀμφίονος,
οὐκ ἔσθ' ὁποῖον στάντ' ἂν ἀνθρώπου βίον
οὔτ' αἰνέσαιμ' ἂν οὔτε μεμψαίμην ποτέ.
τύχη γὰρ ὀρθοῖ καὶ τύχη καταρρέπει
τὸν εὐτυχοῦντα τόν τε δυστυχοῦντ' ἀεί·
1160 καὶ μάντις οὐδεὶς τῶν καθεστώτων βροτοῖς.
Κρέων γὰρ ἦν ζηλωτός, ὡς ἐμοί, ποτέ,
σώσας μὲν ἐχθρῶν τήνδε Καδμείαν χθόνα,
λαβών τε χώρας παντελῆ μοναρχίαν
ηὔθυνε, θάλλων εὐγενεῖ τέκνων σπορᾷ.
1165 καὶ νῦν ἀφεῖται πάντα. τὰς γὰρ ἡδονὰς
ὅταν προδῶσιν ἄνδρες, οὐ τίθημ' ἐγὼ
ζῆν τοῦτον, ἀλλ' ἔμψυχον ἡγοῦμαι νεκρόν.
πλούτει τε γὰρ κατ' οἶκον, εἰ βούλει, μέγα,
καὶ ζῆ τύραννον σχῆμ' ἔχων, ἐὰν δ' ἀπῇ
1170 τούτων τὸ χαίρειν, τἄλλ' ἐγὼ καπνοῦ σκιᾶς
οὐκ ἂν πριαίμην ἀνδρὶ πρὸς τὴν ἡδονήν.

ΧΟ.
τί δ' αὖ τόδ' ἄχθος βασιλέων ἥκεις φέρων;

ΑΓ.
τεθνᾶσιν· οἱ δὲ ζῶντες αἴτιοι θανεῖν.

ΧΟ.
καὶ τίς φονεύει; τίς δ' ὁ κείμενος; λέγε.

ΑΓ.
1175 Αἵμων ὄλωλεν· αὐτόχειρ δ' αἱμάσσεται.

ΧΟ.
πότερα πατρῷας, ἢ πρὸς οἰκείας χερός;

ΑΓ.
αὐτὸς πρὸς αὑτοῦ, πατρὶ μηνίσας φόνου.

ΧΟ.
ὦ μάντι, τοὔπος ὡς ἄρ' ὀρθὸν ἤνυσας.

ΑΓ.
ὡς ὧδ' ἐχόντων τἄλλα βουλεύειν πάρα.

ΧΟ.
1180 καὶ μὴν ὁρῶ τάλαιναν Εὐρυδίκην ὁμοῦ
δάμαρτα τὴν Κρέοντος· ἐκ δὲ δωμάτων
ἤτοι κλύουσα παιδὸς ἢ τύχῃ πάρα.

ΕΥΡΥΔΙΚΗ
ὦ πάντες ἀστοί, τῶν λόγων ἐπῃσθόμην
πρὸς ἔξοδον στείχουσα, Παλλάδος θεᾶς
ὅπως ἱκοίμην εὐγμάτων προσήγορος.
καὶ τυγχάνω τε κλῇθρ' ἀνασπαστοῦ πύλης
χαλῶσα, καί με φθόγγος οἰκείου κακοῦ
βάλλει δι' ὤτων· ὑπτία δὲ κλίνομαι
δείσασα πρὸς δμωαῖσι κἀποπλήσσομαι.
ἀλλ' ὅστις ἦν ὁ μῦθος αὖθις εἴπατε·
κακῶν γὰρ οὐκ ἄπειρος οὖσ' ἀκούσομαι.

ΑΓ.
ἐγώ, φίλη δέσποινα, καὶ παρὼν ἐρῶ,
κοὐδὲν παρήσω τῆς ἀληθείας ἔπος.
τί γάρ σε μαλθάσσοιμ' ἂν ὧν εἰς ὕστερον
ψεῦσται φανούμεθ'; ὀρθὸν ἀλήθει' ἀεί.
ἐγὼ δὲ σῷ ποδαγὸς ἑσπόμην πόσει
πεδίον ἐπ' ἄκρον, ἔνθ' ἔκειτο νηλεὲς
κυνοσπάρακτον σῶμα Πολυνείκους ἔτι.
καὶ τὸν μέν, αἰτήσαντες ἐνοδίαν θεὸν
Πλούτωνά τ' ὀργὰς εὐμενεῖς κατασχεθεῖν,
λούσαντες ἁγνὸν λουτρόν, ἐν νεοσπάσιν
θαλλοῖς ὃ δὴ 'λέλειπτο συγκατῄθομεν,
καὶ τύμβον ὀρθόκρανον οἰκείας χθονὸς
χώσαντες αὖθις πρὸς λιθόστρωτον κόρης
νυμφεῖον Ἅιδου κοῖλον εἰσεβαίνομεν.
φωνῆς δ' ἄπωθεν ὀρθίων κωκυμάτων

κλύει τις ἀκτέριστον ἀμφὶ παστάδα,
καὶ δεσπότῃ Κρέοντι σημαίνει μολών·
τῷ δ' ἀθλίας ἄσημα περιβαίνει βοῆς
1210 ἕρποντι μᾶλλον ἆσσον, οἰμώξας δ' ἔπος
ἵησι δυσθρήνητον· ὦ τάλας ἐγώ,
ἆρ' εἰμὶ μάντις; ἆρα δυστυχεστάτην
κέλευθον ἕρπω τῶν παρελθουσῶν ὁδῶν;
παιδός με σαίνει φθόγγος. ἀλλά, πρόσπολοι,
1215 ἴτ' ἆσσον ὠκεῖς, καὶ παραστάντες τάφῳ
ἀθρήσαθ', ἁρμὸν χώματος λιθοσπαδῆ
δύντες πρὸς αὐτὸ στόμιον, εἰ τὸν Αἵμονος
φθόγγον συνίημ', ἢ θεοῖσι κλέπτομαι.
τάδ' ἐξ ἀθύμου δεσπότου κελεύσμασιν
1220 ἠθροῦμεν· ἐν δὲ λοισθίῳ τυμβεύματι
τὴν μὲν κρεμαστὴν αὐχένος κατείδομεν,
βρόχῳ μιτώδει σινδόνος καθημμένην,
τὸν δ' ἀμφὶ μέσσῃ περιπετῆ προσκείμενον,
εὐνῆς ἀποιμώζοντα τῆς κάτω φθορὰν
1225 καὶ πατρὸς ἔργα καὶ τὸ δύστηνον λέχος.
ὁ δ' ὡς ὁρᾷ σφε, στυγνὸν οἰμώξας ἔσω
χωρεῖ πρὸς αὐτὸν κἀνακωκύσας καλεῖ,
ὦ τλῆμον, οἷον ἔργον εἴργασαι· τίνα
νοῦν ἔσχες; ἐν τῷ ξυμφορᾶς διεφθάρης;
1230 ἔξελθε, τέκνον, ἱκέσιός σε λίσσομαι.
τὸν δ' ἀγρίοις ὄσσοισι παπτήνας ὁ παῖς,
πτύσας προσώπῳ κοὐδὲν ἀντειπών, ξίφους
ἕλκει διπλοῦς κνώδοντας, ἐκ δ' ὁρμωμένου

πατρὸς φυγαῖσιν ἤμπλακ'· εἶθ' ὁ δύσμορος
1235 αὑτῷ χολωθείς, ὥσπερ εἶχ', ἐπεντᾰθεὶς
ἤρεισε πλευραῖς μέσσον ἔγχος, ἐς δ' ὑγρὸν
ἀγκῶν' ἔτ' ἔμφρων παρθένῳ προσπτύσσεται·
καὶ φυσιῶν ὀξεῖαν ἐκβάλλει ῥοὴν
λευκῇ παρειᾷ φοινίου σταλάγματος.
1240 κεῖται δὲ νεκρὸς περὶ νεκρῷ, τὰ νυμφικὰ
τέλη λαχὼν δείλαιος εἰν Ἅιδου δόμοις,
δείξας ἐν ἀνθρώποισι τὴν ἀβουλίαν
ὅσῳ μέγιστον ἀνδρὶ πρόσκειται κακόν.

ΧΟ.
τί τοῦτ' ἂν εἰκάσειας; ἡ γυνὴ πάλιν
1245 φρούδη, πρὶν εἰπεῖν ἐσθλὸν ἢ κακὸν λόγον.

ΑΓ.
καὐτὸς τεθάμβηκ'· ἐλπίσιν δὲ βόσκομαι
ἄχη τέκνου κλύουσαν ἐς πόλιν γόους
οὐκ ἀξιώσειν, ἀλλ' ὑπὸ στέγης ἔσω
δμωαῖς προθήσειν πένθος οἰκεῖον στένειν.
1250 γνώμης γὰρ οὐκ ἄπειρος, ὥσθ' ἁμαρτάνειν.

ΧΟ.
οὐκ οἶδ'· ἐμοὶ δ' οὖν ἥ τ' ἄγαν σιγὴ βαρὺ
δοκεῖ προσεῖναι χἠ μάτην πολλὴ βοή.

ΑΓ.

ἀλλ' εἰσόμεσθα, μή τι καὶ κατάσχετον
κρυφῇ καλύπτει καρδίᾳ θυμουμένῃ,
1255 δόμους παραστείχοντες. εὖ γὰρ οὖν λέγεις.
καὶ τῆς ἄγαν γάρ ἐστί που σιγῆς βάρος.

ΧΟ.

καὶ μὴν ὅδ' ἄναξ αὐτὸς ἐφήκει
μνῆμ' ἐπίσημον διὰ χειρὸς ἔχων,
εἰ θέμις εἰπεῖν, οὐκ ἀλλοτρίαν
1260 ἄτην, ἀλλ' αὐτὸς ἁμαρτών.

ΚΡ.

(στρ. α') ἰὼ
φρενῶν δυσφρόνων ἁμαρτήματα
στερεὰ θανατόεντ',
ὦ κτανόντας τε καὶ
θανόντας βλέποντες ἐμφυλίους.
1265 ὤμοι ἐμῶν ἄνολβα βουλευμάτων.
ἰὼ παῖ, νέος νέῳ ξὺν μόρῳ,
αἰαῖ αἰαῖ,
ἔθανες, ἀπελύθης,
ἐμαῖς οὐδὲ σαῖσι δυσβουλίαις.

ΧΟ.

1270 οἴμ', ὡς ἔοικας ὀψὲ τὴν δίκην ἰδεῖν.

ΚΡ.
(στρ. β') οἴμοι,
ἔχω μαθὼν δείλαιος· ἐν δ' ἐμῷ κάρᾳ
θεὸς τότ' ἄρα τότε μέγα βάρος μ' ἔχων
ἔπαισεν, ἐν δ' ἔσεισεν ἀγρίαις ὁδοῖς,
1275   οἴμοι, λακπάτητον ἀντρέπων χαράν.
φεῦ φεῦ, ἰὼ πόνοι βροτῶν δύσπονοι.

ΕΞΑΓΓΕΛΟΣ
ὦ δέσποθ', ὡς ἔχων τε καὶ κεκτημένος,
τὰ μὲν πρὸ χειρῶν τάδε φέρων, τὰ δ' ἐν δόμοις
1280   ἔοικας ἥκειν καὶ τάχ' ὄψεσθαι κακά.

ΚΡ.
τί δ'; ἔστιν αὖ κάκιον ἢ κακῶν ἔτι;

ΕΞ.
γυνὴ τέθνηκε, τοῦδε παμμήτωρ νεκροῦ,
δύστηνος, ἄρτι νεοτόμοισι πλήγμασιν.

ΚΡ.
(ἀντ. α') ἰώ.
ἰὼ δυσκάθαρτος Ἅιδου λιμήν,
1285   τί μ' ἄρα τί μ' ὀλέκεις;
ὦ κακάγγελτά μοι
προπέμψας ἄχη, τίνα θροεῖς λόγον;
αἰαῖ, ὀλωλότ' ἄνδρ' ἐπεξειργάσω.

τί φής, παῖ; τίν' αὖ λέγεις μοι νέον;
1290   αἰαῖ αἰαῖ,
σφάγιον ἐπ' ὀλέθρῳ
γυναικεῖον ἀμφικεῖσθαι μόρον;

ΕΞ.
ὁρᾶν πάρεστιν· οὐ γὰρ ἐν μυχοῖς ἔτι.

ΚΡ.
(στρ. β') οἴμοι,
1295   κακὸν τόδ' ἄλλο δεύτερον βλέπω τάλας.
τίς ἄρα, τίς με πότμος ἔτι περιμένει;
ἔχω μὲν ἐν χείρεσσιν ἀρτίως τέκνον,
τάλας, τὸν δ' ἔναντα προσβλέπω νεκρόν.
1300   φεῦ φεῦ μᾶτερ ἀθλία, φεῦ τέκνον.

ΕΞ.
ἡ δ' ὀξύθηκτος ἥδε βωμία πέριξ
λύει κελαινὰ βλέφαρα, κωκύσασα μὲν
τοῦ πρὶν θανόντος Μεγαρέως κλεινὸν λέχος,
αὖθις δὲ τοῦδε, λοίσθιον δὲ σοὶ κακὰς
1305   πράξεις ἐφυμνήσασα τῷ παιδοκτόνῳ.

ΚΡ.
(στρ. γ') αἰαῖ αἰαῖ
ἀνέπταν φόβῳ. τί μ' οὐκ ἀνταίαν
ἔπαισέν τις ἀμφιθήκτῳ ξίφει;

1310   δείλαιος ἐγώ, αἰαῖ.
       δειλαίᾳ δὲ συγκέκραμαι δύᾳ.

ΕΞ.
ὡς αἰτίαν γε τῶνδε κἀκείνων ἔχων
πρὸς τῆς θανούσης τῆσδ' ἐπεσκήπτου μόρων.

ΚΡ.
ποίῳ δὲ κἀπελύσατ' ἐν φοναῖς τρόπῳ;

ΕΞ.
1315   παίσασ' ὑφ' ἧπαρ αὐτόχειρ αὑτήν, ὅπως
       παιδὸς τόδ' ᾔσθετ' ὀξυκώκυτον πάθος.

ΚΡ.
(στρ. δ') ὤμοι μοι, τάδ' οὐκ ἐπ' ἄλλον βροτῶν
       ἐμᾶς ἁρμόσει ποτ' ἐξ αἰτίας.
1320   ἐγὼ γάρ σ' ἐγὼ ἔκανον, ὦ μέλεος,
       ἐγώ, φάμ' ἔτυμον. ἰὼ πρόσπολοι,
1325   ἄγετέ μ' ὅτι τάχος, ἄγετέ μ' ἐκποδών,
       τὸν οὐκ ὄντα μᾶλλον ἢ μηδένα.

ΧΟ.
κέρδη παραινεῖς, εἴ τι κέρδος ἐν κακοῖς·
βράχιστα γὰρ κράτιστα τἀν ποσὶν κακά.

ΚΡ.

(ἀντ. δ') ἴτω ἴτω,

φανήτω μόρων ὁ κάλλιστ' ἐμῶν

1330   ἐμοὶ τερμίαν ἄγων ἀμέραν

ὕπατος· ἴτω ἴτω,

ὅπως μηκέτ' ἆμαρ ἄλλ' εἰσίδω.

ΧΟ.

μέλλοντα ταῦτα. τῶν προκειμένων τι χρὴ
1335   πράσσειν. μέλει γὰρ τῶνδ' ὅτοισι χρὴ μέλειν.

ΚΡ.

ἀλλ' ὧν ἐρῶ μέν, ταῦτα συγκατηυξάμην.

ΧΟ.

μή νυν προσεύχου μηδέν· ὡς πεπρωμένης
οὐκ ἔστι θνητοῖς συμφορᾶς ἀπαλλαγή.

(ἀντ. δ') ΚΡ.

ἄγοιτ' ἂν μάταιον ἄνδρ' ἐκποδών,
1340   ὅς, ὦ παῖ, σέ τ' οὐχ ἑκὼν κατέκανον

σέ τ' αὖ τάνδ', ὤμοι μέλεος· οὐδ' ἔχω

πρὸς πότερον ἴδω, πᾷ κλιθῶ· πάντα γὰρ
1345   λέχρια τἀν χεροῖν, τὰ δ' ἐπὶ κρατί μοι

πότμος δυσκόμιστος εἰσήλατο.

ΧΟ.
πολλῷ τὸ φρονεῖν εὐδαιμονίας
πρῶτον ὑπάρχει· χρὴ δὲ τά γ' ἐς θεοὺς
μηδὲν ἀσεπτεῖν· μεγάλοι δὲ λόγοι
μεγάλας πληγὰς τῶν ὑπεραύχων
ἀποτείσαντες
γήρᾳ τὸ φρονεῖν ἐδίδαξαν.

COLEÇÃO SIGNOS
HAROLDIANA

1. PANAROMA DO FINNEGANS WAKE • James Joyce (Augusto e Haroldo de Campos, orgs.)
2. MALLARMÉ • Augusto e Haroldo de Campos e Décio Pignatari
3. PROSA DO OBSERVATÓRIO • Julio Cortázar (Trad. de Davi Arrigucci Júnior)
4. XADREZ DE ESTRELAS • Haroldo de Campos
5. KA • Velimir Khlébnikov (Trad. e notas de Aurora F. Bernardini)
6. VERSO, REVERSO, CONTROVERSO • Augusto de Campos
7. SIGNANTIA QUASI COELUM: SIGNÂNCIA QUASE CÉU • Haroldo de Campos
8. DOSTOIÉVSKI: PROSA POESIA • Boris Schnaiderman
9. DEUS E O DIABO NO FAUSTO DE GOETHE • Haroldo de Campos
10. MAIAKÓVSKI – POEMAS • Boris Schnaiderman, Augusto e Haroldo de Campos
11. OSSO A OSSO • Vasko Popa (Trad. e Notas de Aleksandar Jovanovic)
12. O VISTO E O IMAGINADO • Affonso Ávila
13. QOHÉLET/O-QUE-SABE – POEMA SAPIENCIAL • Haroldo de Campos
14. RIMBAUD LIVRE • Augusto de Campos
15. NADA FEITO NADA • Frederico Barbosa
16. BERE'SHITH – A CENA DA ORIGEM • Haroldo de Campos
17. Despoesia • Augusto de Campos
18. PRIMEIRO TEMPO • Régis Bonvicino
19. ORIKI ORIXÁ • Antonio Risério
20. HOPKINS: A BELEZA DIFÍCIL • Augusto de Campos
21. UM ENCENADOR DE SI MESMO: GERALD THOMAS • Silvia Fernandes e J. Guinsburg (orgs.)
22. TRÊS TRAGÉDIAS GREGAS • Guilherme de Almeida e Trajano Vieira
23. 2 OU + CORPOS NO MESMO ESPAÇO • Arnaldo Antunes
24. CRISANTEMPO • Haroldo de Campos
25. BISSEXTO SENTIDO • Carlos Ávila
26. OLHO-DE-CORVO • Yi Sán^g (Yun Jung Im, org.)
27. A ESPREITA • Sebastião Uchôa Leite
28. A POESIA ÁRABE-ANDALUZA: IBN QUZMAN DE CÓRDOVA • Michel Sleiman
29. MURILO MENDES: ENSAIO CRÍTICO, ANTOLOGIA E CORRESPONDÊNCIA • Laís Corrêa de Araújo
30. COISAS E ANJOS DE RILKE • Augusto de Campos

31. ÉDIPO REI DE SÓFOCLES • Trajano Vieira
32. A LÓGICA DO ERRO • Affonso Ávila
33. POESIA RUSSA MODERNA • Augusto e Haroldo de Campos e B. Schnaiderman
34. REVISÃO DE SOUSÂNDRADE • Augusto e Haroldo de Campos
35. NÃO • Augusto de Campos
36. AS BACANTES DE EURÍPIDES • Trajano Vieira
37. FRACTA: ANTOLOGIA POÉTICA • Horácio Costa
38. ÉDEN: UM TRÍPTICO BÍBLICO • Haroldo de Campos
39. ALGO : PRETO • Jacques Roubad
40. FIGURAS METÁLICAS • Claudio Daniel
41. ÉDIPO EM COLONO DE SÓFOCLES • Trajano Vieira
42. POESIA DA RECUSA • Augusto de Campos
43. SOL SOBRE NUVENS • Josely Vianna Baptista
44. AUGUST STRAM: POEMAS-ESTALACTITES • Augusto de Campos
45. CÉU ACIMA: UM TOMBEAU PARA HAROLDO DE CAMPOS • Leda Tenório Motta (org.)
46. AGAMÊMNON DE ÉSQUILO • Trajano Vieira

COLEÇÃO SIGNOS

47. ESCREVIVER • José Lino Grünewald (José Guilherme Correa, org.)
48. ENTREMILÊNIOS • Haroldo de Campos
49. ANTÍGONE DE SÓFOCLES • Trajano Vieira
50. GUENÁDI AIGUI: SILÊNCIO E CLAMOR • B. Scnhnaiderman e J. P. Ferreira (orgs.)
51. POETA POENTE • Affonso Ávila
52. LISÍSTRATA E TESMOFORIANTES • Trajano Vieira
53. HEINE, HEIN? POETA DOS CONTRÁRIOS • André Vallias
54. PROFILOGRAMAS • Augusto de Campos
55. OS PERSAS DE ÉSQUILO • Trajano Vieira
56. OUTRO • Augusto de Campos

Este livro foi impresso na cidade de Cotia,
nas oficinas da Meta Brasil, para a Editora Perspectiva.